财税一流学科论丛

新型农业合作化与财政支持

作用机理、历史沿革和绩效评价

路春城 ◎ 著

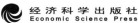

中国财经出版传媒集团

经济科学出版社

Economic Science Press

图书在版编目（CIP）数据

新型农业合作化与财政支持：作用机理、历史沿革和
绩效评价/路春城著．—北京：经济科学出版社，2019.10
（财税一流学科论丛）
ISBN 978 - 7 - 5218 - 1096 - 7

Ⅰ.①新…　Ⅱ.①路…　Ⅲ.①农业集体化 - 财政支农 -
研究 - 中国　Ⅳ.①F321.2②F812.2

中国版本图书馆 CIP 数据核字（2019）第 277575 号

责任编辑：李一心
责任校对：王肖楠
责任印制：李　鹏

新型农业合作化与财政支持：作用机理、历史沿革和绩效评价
路春城　著
经济科学出版社出版、发行　新华书店经销
社址：北京市海淀区阜成路甲 28 号　邮编：100142
总编部电话：010 - 88191217　发行部电话：010 - 88191522
网址：www.esp.com.cn
电子邮件：esp@esp.com.cn
天猫网店：经济科学出版社旗舰店
网址：http://jjkxcbs.tmall.com
北京季蜂印刷有限公司印装
710×1000　16 开　12.25 印张　160000 字
2019 年 11 月第 1 版　2019 年 11 月第 1 次印刷
ISBN 978 - 7 - 5218 - 1096 - 7　定价：49.00 元
（图书出现印装问题，本社负责调换。电话：010 - 88191510）
（版权所有　侵权必究　打击盗版　举报热线：010 - 88191661
QQ：2242791300　营销中心电话：010 - 88191537
电子邮箱：dbts@esp.com.cn）

序

2015 年 10 月，国务院公布《统筹推进世界一流大学和一流学科建设总体方案》，提出要加快建成一批世界一流大学和一流学科，国家"双一流"建设由此拉开大幕。凭借国家层面和山东省级层面"双一流"建设之东风，特别是在我校应用经济学成为首批入选山东省"双一流"建设的重点学科之后，山东财经大学"双一流"建设也开始紧锣密鼓地开展起来。为了鼓励教师积极从事科学研究和社会服务以取得高层次科研成果，学校出台了一系列的激励措施且很快就起到了成效：在教育部第四次学科评估中，山东财经大学的应用经济学取得了 B + 的不俗成绩。作为应用经济学下的财政学更是山东财经大学的传统优势学科。在历届山东财经大学校党委和行政部门的坚强领导下，经过几十年的长期建设和发展，特别是经过山东省"十五""十一五""十二五"及"十三五"强化重点建设之后，财政学科建设不断加强，师资水平和人才培养质量不断提高，服务社会能力和学术影响力不断扩展。目前，财政（税收）专业已经具有本科、硕士、博士三个培养层次，近 60% 以上的教师具有博士（后）学位。学科水平已经进入全国同类学科专业的前 20%。

国家"双一流"建设为我校财政学科的发展提供了契机；而党中央对财政的重新定位也为财政研究提出了新要求。2013年，党的十八届三中全会召开，在这次全会上，党中央将财政上升到国家治理的高度，将财政定位为"国家治理的基础和重要支柱"，并提出建立现代财政制度的目标，故如何建立现代财政制度成为摆在财政理论工作者面前的一个重要课题；2017年，党的十九大召开，党中央又提出"要加快建立现代财政制度，建立全面规范透明、标准科学、约束有力的财政制度，全面实施绩效预算管理"，这实际上又为新时代背景下的财税体制改革和现代财政制度建立指明了方向。"财政是国家治理的基础和重要支柱""加快建立现代财政制度"等一系列的财政论断和财政发展目标的提出引发了财政概念内涵的深刻变化。以此为转折点，财政也被赋予了越来越鲜明的综合性特征："一个可以跨越多个学科、涉及治国理政所有领域的综合性范畴和综合性要素"。这一对财政的重新定位再次燃起了无数财政理论研究工作者的信心和激情，为财政学科的发展开拓了一片广阔空间，也为国内财政理论研究掀起了一股高潮。

山东财经大学财政税务学院的青年教师也为当前财政理论的研究贡献了自己的力量。这些青年教师不仅通过相对系统的经济学训练对现代经济学研究方法有了足够的认识，通过对国外文献的搜集整理及时对学术前沿动态进行了跟踪，而且还通过良好的团队意识和精诚合作的精神形成了一股财政科学研究的重要区域性力量。特别是在山东省正紧锣密鼓地开展新旧动能转换工程的当下，这些青年教师也积极响应省委省政府号召，围绕着如何通过做足财税体制改革文章来

实现新旧动能转换而献言献策。作为这套丛书的编委，我们
欣喜地看到这些学者所取得的不俗成果。同时，我们也深知
我国财政科学研究仍然任重道远，有些财政问题的研究才刚
刚破题，而有些财政问题的研究还需要进一步丰富和深化，
特别是部分财政观点和认知还有待实践的检验，这不仅仅是
丛书作者应该明了的，也是我们每一个从事这一领域研究的
学者应该知道的。所以，这套丛书也期待着社会各界的批评
和指正，为财政学者们下一步的研究提供借鉴和参考。

丛书编委会
2017 年 12 月

目　录

第一章 绪 论

第一节 问题提出

一、研究背景

改革开放以后，我国农业发展取得了巨大成就，最显著的标志就是主要农产品产量大幅度增长，以占世界9%的耕地成功地解决了世界21%人口的吃饭问题。应该说，这一切主要归功于家庭承包责任制，家庭联产承包责任制充分调动了广大农民的积极性和创造性，解放和发展了农村生产力。随着经济的发展和市场化程度的提高，该制度的弊端也暴露无遗：一家一户的小农经济在一定程度上造成了农业生产经营分散化和非组织化，农村生产关系与生产力的矛盾已经凸显。主要表现为两个方面：一是农户小生产与外部大市场之间的矛盾；二是农户小规模经营与农业现代化的矛盾。特别是加入WTO以后，我国农产品市场已向国外开放，农业直接面对国际竞争，来自国际市场的挑战和压力越来越大，如果不改变以往的生产模式、优化产业结构、提高农产品的科技含量，后WTO时代我国的农业将无法和发达国家抗衡。目前，影响中国农业整体竞争力的因素：一是农产品结构优化速度缓慢，初级农产品比例过大，加工农产品比例过小，与国际市场需求变化不相适应；二是出口市场过度集中于亚洲和港澳地区，市场结构优化和新兴市场开拓的潜力大；三是不同类型的农产品在世界市场的分布不合理，不能随国际市场需求变化而变化[①]。在我国家庭联产承包责任制短期不变的情况下，解决上述问题的一条重要出路就是：在家庭联产承包责任制的基础上，通过各种新型农业合作化，把分散的小规模农户组织起来，形成规模经营，提高农业的市场集中度，以合作经济组织成员的身份，整体进入社会化大市场，以此克服小农户所固有的行为缺陷。

农业是一个天然的弱质产业，世界各国农业发展的经验表明：现代农业经济的发展需要组织化的支撑。农村合作经济在西方有近 200 年的历史，新型农业合作化提供了大量的公共服务，承担了政府和社区管理的部分职能，已经成为实现农业现代化的重要载体。农户组织化程度的提高不但有利于农户利益的改善，也有利于政府和社区发展，USDA 的数据显示，1950～2002 年，美国农业合作社的市场份额基本都保持在 20%～30%。2001 年，澳大利亚 94%、丹麦 95%、芬兰 97%的牛奶产品是由合作社进行销售的，德国、法国和瑞典的农业合作化组织分别提供了农场供给的 50%、41% 和 70%[②]。近年来，我国新型农业合作化也获得了迅速的发展，据统计，截至 2014 年底，我国在民政部门注册登记的农业及农村发展社会团体 60202 个[③]；截至 2018 年 2 月底，全国依法登记的农民专业合作社达 204.4 万家，实有入社农户 11759 万户，约占全国农户总数的 48.1%，成员出资总额 46768 亿元。

新型农业合作化的蓬勃发展为我国"三农"问题的解决提供了

---

① 帅传敏，程国强，张金隆. 中国农产品国际竞争力的估计 [J]. 管理世界，2003 (1)：97 - 103.

② Jarka Chloupkova. European Cooperative Movement – Background and Common Denominators (2004) PP35.

③ 民政部. 中国民政统计年鉴 2015 [E]. 中国统计出版社，2015.

一条重要的思路。近些年，我国针对新型农业合作化的一些优惠政策陆续展开，新型农业合作化获得了迅速发展。另外，新型农业合作化在我国是一个新生事物，没有成熟的、适合我国国情的经验可以遵循，只能在摸索中前进。财政政策是农业发展的重要推动力。改革开放以来，我国对农业的财政投入不断加大，也出台了很多的税收优惠政策，全国范围内取消了农牧业税。针对新型农业合作化，中央和地方各级政府也陆续出台了一些财政政策。特别是近几年，连续几个中央1号文件都强调要发展农业合作化组织并给予相应政策扶持，但是这些政策缺乏系统性和针对性，而且，对于这些政策的实施效果缺乏系统的研究。

基于以上背景，在现有研究成果基础上，应用经济学的方法，从理论和现实两个层面对我国促进新型农业合作化发展的财政政策制定给予相应的解释，归纳国内外农业合作化财政政策的得失，分析现有财政政策的效应，并探讨今后财政政策完善之路，就构成了本书的出发点和归宿。

二、研究目的和意义

（一）研究新型农业合作化的相关理论，总结新型农业合作化财政政策的理论基础

目前，我国新型农业合作化发展很不规范，相关法律法规也不健全。研究新型农业合作化的内涵、外延和经济学动因，对于正确认识新型农业合作化的制度机制、明确新型农业合作化的发展方向具有重要价值。新型农业合作化组织不同于传统意义上的企业，也不同于一般的非营利组织。在对我国新型农业合作化正确界定的基础上，寻求财政政策扶持的理论基础，将深化国内外的相关研究，为国家相关政策的制定提供理论依据。

（二）梳理我国新型农业合作化的发展脉络，总结相关财政政策的沿革

改革开放后，我国新型农业合作化组织很长一段时间内基本处于空白。随着经济的发展和农业现代化的推进，一家一户的小农经济弊端日益显现，新型农业合作化有了很大的发展。实践表明，新型农业合作化离不开政策支持，特别是在初级阶段，适当的财政政策对新型农业合作化的发展起到至关重要的作用，国外许多农业大国都加强了对新型农业合作化组织的财政扶持力度，并从法律法规方面予以制度化。随着我国新型农业合作化的发展，相关部门陆续出台了一些财政政策，但这些政策是散居于一些法律法规和通知中，没有形成一个体系。笔者查阅大量的参考文献、法律法规后，梳理了改革开放后我国新型农业合作化的发展历程和相关财政政策的沿革。

（三）分析我国改革开放以来财政支农和新型农业合作化财政政策的效用

"三农"问题是我国经济发展中的一个重要问题，改革开放以来，我国财政支农的力度不断加大，这些政策效果如何，缺乏实证研究，本书选用改革开放以来政府部门的相关数据进行分析。新型农业合作化财政政策效用分析也是本书关注的一个重点，由于数据的原因，本书选取近年来山东省新型农业合作化相关财政支持的数据，分析政策效用。

（四）提出促进我国新型农业合作化发展的政策建议

财政政策对于我国新型农业合作化的发展起到了一定的积极作用，但当前政策存在着许多不足之处。因而，本书从系统论的视角出发，在归纳我国新型农业合作化发展历程、总结现行财政政策的得失、分析现有财政政策效用、借鉴国外成功经验的基础上，有针对性

地提出适合国情和现实的促进我国新型农业合作化发展的财政政策建议，为今后相关部门政策的制定提供一定的参考和借鉴。

第二节 相关概念界定

一、合作与合作社

（一）合作

合作英文译作 cooperation，词源于拉丁文，反映的是个人与个人、群体与群体之间在经济活动中平等互助的关系，还有协作、共同行动的意思。我国词源解释"合作"是两个或两个人以上共同创造的意思；现代汉语词典中，合作一词的基本含义是：人们（或组织）为了共同目的一起工作或者共同完成一项任务。马克思认为，在同一生产过程中，或在不同的但相互联系的生产过程中，有计划地一起协同劳动，这种劳动形式叫作协作。由此可见，合作是人们或者组织为了实现统一目标，相互帮助、共同行动的一种方式。如果没有两个或两个以上的合作者之间存在一致的目的要求，并且为实现这一目的要求联合起来，就不会有任何的合作行为、合作形式或合作组织。合作与单干的根本区别在于参与主体的多元性和行为目标的一致性。

（二）合作社

合作经济有广义和狭义之分：广义上的合作经济指以合作制原则为基础进行共同发展的经济组织形式；狭义上的合作经济是指合作社经济，通常是指合作社。合作社的定义在不同时期、不同国家也不相同。本书选取有代表性的总结如下：一是企业论。认为合作社是一个由其成员自愿所有和控制，由成员自己经营并所有的企业（Packle，1970；Schaars，1973；Barton，1989）。二是非营利组织论。认为合作社是一定区域内有着共同所有权利益的人民为自身提供所需服务而组成的自愿契约组织，该组织由共同需要的成员所有和控制，在非营利基础上为自己服务，并根据参与比例获得利益（Fetrow and Sworth，1947；Savage and Volkin，1965；J. Baker，2004）。三是国际合作社联盟成立 100 周年大会的定义："合作社是自愿联合的人们，通过其共同拥有和民主控制的企业来满足共同的经济、社会和文化需要及理想的自合体。"① 前两个定义比较片面，不能准确的概括合作社的内涵。相比之下，国际合作社联盟的定义比较全面、科学，高度概括了合作社的主体、原则、目标和运行机制。不过，国际合作社联盟的定义也存在着一些不足，比如把合作社的性质定义为企业。基于以上，本书把合作社界定如下：合作社是人们为了或维护自身利益或实现共同的目标，按照一定的原则、方式和规章制度联合起来的共同所有、共同经营的特殊组织形式。在合作社中，社员都保持其私有财产的所有权，社内资产的共有程度有着很大的差别，合作经济所体现的是生产要素的组合方式，并非特定的所有制形式。合作经济与私有经济、集体经济，合作社与一般的公司，合作制与股份合作制等存在着许多不同之处（见表 1.1、表 1.2、表 1.3）。②

表 1.1　　　　合作经济与私有经济、集体经济的比较

主要特征	私有经济	合作经济	集体经济
所有制	个人、法人所有	部分合作共有	群体共有
经济主体	私人企业、公司等	合作社	集体企业
生产制度	依照竞争原理实现效率化、效益最大化	依照协议规定，试行适量适当的共同经营	依照政策实现标准化

---

① International Co-operative Alliance. Statement on the Co-operative Identity，1995.
② 胡卓红. 农民专业合作社发展实证研究 [M]. 杭州：浙江大学出版社，2009.

续表

主要特征	私有经济	合作经济	集体经济
经济机制	市场交换机制	约定协议互利互助机制	计划机制和集体分配
组织原则与决策管理	竞争、自由	自主参加、分权管理	集权管理
资金积累	私人或法人的积累	合作积累和再分配	统一的积累和再分配
经济动机	追求利润	追求共同利益	福利与公平
基本价值观	能力主义	互助、互惠、平等、公平	社会平等
社会结构	形成阶级、阶层	成员内部民主、平等	维持人为的社会平等

表 1.2　　　　　　合作社与一般公司的比较

主要特征	公司	合作社
出现方式	17 世纪意大利、法国出现	1844 年形成完整清晰且沿用至今的"罗奇代尔合作原则"
社会基础	由资金所有者为追求更多的利润而结合	由经济、社会的弱者为改善经济生活而结合组成
联合的中心体	资本	人
目标	利润	经济上增进成员收入
加入或结合方式	股票购买或出售	自愿
经营方式	由出资者或专人主持，所有权和经营权可分离	共同组织，协议经营
权利机制	权利和出资成正比	民主管理，一人一票
盈余分配制度	按资分配	按交易量（额）分配

表 1.3　　　　　　　　　　**合作制与股份合作制的区别**

主要特征	合作制	股份合作制
产权结构	社员个人占有	社员占有与股东占有的联合
要素联合	劳动与业务的联合	劳动和资金的联合
劳动者与生产资料的结合方式	直接结合	既有结合，又有分离
股权与决策制度	自由，一人一票	劳动和股份结合制
利益分配	按劳分配与按股分红相结合	按劳分配与有限的按资分配相结合

二、农村合作经济组织与新型农业合作化组织

　　目前，对于农村合作经济组织的界定有以下几种：一是宽口径的界定，农村合作经济组织包括各种类型的农村专业合作社、农村专业协会、农村集体经济组织、农村股份合作制企业、供销合作社和信用合作社；二是中等口径的界定，农村合作经济组织包括各种类型的农村专业合作社、农村专业协会、农村集体经济组织和农村股份合作制企业；三是窄口径的界定，窄口径的农村合作经济组织即新型农业合作化组织，包括各种类型的农村专业合作社和农村专业（技术）协会。农村合作经济组织构成如图 1.1 所示。

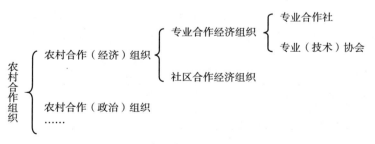

图 1.1　农村合作经济组织构成

本书把新型农业合作化组织界定如下：新型农业合作化组织是中国农民在家庭联产承包责任制的基础上，为了维护自身利益或实现特定的目标，按照加入自愿、退出自由、民主管理、盈余返还的原则，依据既定章程进行共同生产经营活动的经济组织，主要包括各种类型的农村专业合作社和各种专业（技术）协会。新型农业合作化组织既区别于新中国成立之初的合作化和人民公社运动，又区别于推行家庭联产承包责任制以来，在"乡村政治"格局下、与村委会合二为一的所谓的"一块牌子、两套班子"的村经济联合社或"挂牌"合作社。

之所以称其为"新型农业合作化组织"，是由于这样一个现实：目前我国的新型农业合作化组织大多是由生产经营同样或相关农产品的农民按照产品差别组织起来的。之所以称为"农业"而不是"农民"，原因在于其构成主体除了农民还有一些其他个人和单位。本书认为，理解我国新型农业合作化组织的概念要把握以下几点：第一，它以独立的农业生产者自愿联合为基础，其主体是农民，即农业生产经营者。第二，它是一种技术、经济或经济技术组织。这类组织主要是围绕某个专业或产品组织起来，在技术、资金、采购、销售、加工、储运、开发等环节开展互助合作。第三，它的目的是维护和发展成员利益，实行自主经营、自负盈亏、自我发展，不是政府的附属机构。

根据缴纳费用的方式以及是否为经济实体，我国新型农业合作化组织可分为协会型和合作社型两类。协会型新型农业合作化组织包括各种农村专业协会和行业协会，其特征是农户入会时仅缴纳费用，不是经济实体。协会型新型农业合作化组织主要从事为农民提供某一产业或农产品的信息，提供技术服务、购销服务，或者通过协调各市场主体的关系来维护农民的利益。一般来说，协会型新型农业合作化组织内部关系比较分散，不具有实体经济的性质。目前，我国协会型新型农业合作化组织既有农民自发成立的，也有在政府引导下，由乡镇干部或农业技术部门发起成立的。合作社型新型农业合作化组织主要就是各种农民专业合作社，其特征是入社时缴纳股金，属于经济实体。《中华人民共和国农民专业合作社法》规定，农民专业合作社是在农村家庭承包经营的基础上，同类农产品的生产经营者或者同类农业生产经营服务的提供者、利用者，自愿联合、民主管理的互助性经济组织。这类组织对内为成员提供产前、产中和产后的一条龙服务，对外追求盈利，一般以交易联合为主，实行一人一票的民主管理，采取按交易量进行利润返还或按股分红。合作社型新型农业合作化组织成员之间的关系比较紧密，一般具有相对完善的规章制度，其基本特征是进退自由、民主平等、合作经营、自负盈亏等。

协会型新型农业合作化组织具有非常明显的非营利组织特征。顾名思义，非营利组织是指不以营利为目的的社会组织，国内外理论界对此还没有统一的界定，经常与之混用的词有"非政府组织""慈善组织""第三部门"等。不管称呼如何，该类组织应满足以下三个特征：第一，依法成立且不隶属于政府部门；第二，不以追求利润最大化为最终目的；第三，不分配利润。这三个条件基本能概括非营利组织的特征：第一个条件强调了非营利组织与政府及政府所属机构的区别；第二个条件表明了非营利组织与企业最重要的区别，即追求利润最大化始终是企业核心特征，社会责任是第二位的；第三个条件则强调"非营利"的特征。不管从我国法律对于非营利组织的确认上，还是从现实看，都应将协会型新型农业合作化组织归为非营利组织。合作社型新型农业合作化组织虽不具有典型的非营利组织特征，但有一些非营利性收入。

不同的新型农业合作化组织民事主体地位不同，应采取相应的法律法规加以规范：协会型新型农业合作化组织属于非营利组织，应该在民政部门登记，并按照社会团体的组织形式进行运作和管理；合作社型新型农业合作化组织属于合作社法人，在工商部门登记，按照合作社原则运作和管理。从这两类新型农业合作化组织的发展趋势来看，协会型将朝着两个方向发展：一是向合作社转型；二是保持协会性质，不断发展和完善。合作社型将朝着两个方向发展：一是保持合作社性质，不断发展和完善；二是由合作社发展为股份合作制的农业企业。

三、家庭农场

家庭农场是指以家庭成员为主要劳动力，从事农业规模化、集约化、商品化生产经营，并以农业收入为家庭主要收入来源的新型农业经营主体。

目前，我国对于家庭农场还没有一个统一的认定标准。以农业农村部在其统计中做出的界定最为权威：农场经营者应具有农村户籍（即非城镇居民），以家庭成员为主要劳动力，以农业收入为主，经营规模达到一定标准并相对稳定［从事粮食作物的，租期或承包期在5年以上的，土地经营面积达到50亩（一年两熟制地区）或100亩（一年一熟制地区）以上；从事经济作物、养殖业或种养结合的，应达到县级以上农业部门确定的规模标准］。

四、财政政策

财政政策是指政府通过对财政收入和支出的变动来调节经济的政策。一般来说，政府促进新型农业合作化发展的财政政策工具主要有两种：一是财政支出政策，即通过财政资助、政府采购、低息贷款等方式直接支持新型农业合作化；二是税收政策，即通过税收优惠政策来降低新型农业合作化的成本，间接支持合作经济组织的发展。两种政策工具存在一定的互补性和利弊（见表1.4）。

表 1.4　　　　　　　　税收政策与财政支出政策比较

效应指标	税收政策	财政支出政策
干预市场主体程度（资源配置扭曲程度）	较小	较大
公平性	较高	较低
效率性	争议较大	争议大
可行性	普遍	有选择
管理成本	较低	较高
稳定性	稳定	不稳定
目的性	一般	较强

第三节　国内外研究综述

一、国外研究综述

合作经济思想源于 16 世纪早期的空想社会主义思想，早期空想社会主义思想者托马斯·莫尔、康帕内拉已有合作思想的萌芽，其中欧文和傅立叶是最有影响的合作经济思想家。傅立叶提出和谐社会制度和"法郎吉"设想，认为法郎吉是和谐社会的基层组织，即有组织的生产—消费协作社。欧文继承发展了这一思想，他提出：合作社是理想社会的基层组织，是"全新的人类社会组织的细胞"①。欧文（Owen）把合作社的设想进行实验，虽未成功，但其思想和相关制度、章程极大地影响了后来的合作组织。威廉·金（Willian King）主张从小做起，先由劳动者自筹资金，创办小规模合作商店，积累劳动为资本，逐步扩充实业，办工业合作社、农业合作社，再积累更多

---

① 欧文选集 [M]. 柯象峰，何光来，秦果显，译. 北京：商务印书馆，1997.

的资本组织公社。威廉·金于 1827 年创办布莱顿合作社，首先提出劳动者创办消费合作社，带动了 500 个左右的合作社创建浪潮，虽然这些合作社失败了，但为后来合作社的创造积累了宝贵的经验，更为重要的是，其思想成为后来各种合作思想流派的基础①。世界上第一个真正获得成功并发展的合作社，是 1844 年因创建于英国小镇罗奇代尔而命名的"罗奇代尔公平先锋社"。该合作社制定的办社准则——"罗奇代尔原则"被尊为合作社的基本原则，成为国际合作制度的经典原则，为后来国际合作运动奠定了坚实的基础②。出于共同的需要，世界各国合作运动家们约定于 1895 年成立了国际合作社联盟。1937 年，国际合作联盟第一次对合作社的原则进行了评估，把合作社的基本原则总结归纳为 11 条并命名为"罗奇代尔原则"，1995 年，在国际合作社联盟成立 100 周年大会上修订为 7 条，被国际社会所公认。这 7 条原则为：自愿和社员资格开放原则，社员民主管理原则，社员经济参与原则，自治和独立原则，教育、培训和信息服务原则，合作社间的合作原则，关心社区原则。

　　一般认为，关于新型农业合作化的经济学研究始于 20 世纪 40 年代，以埃米里扬诺夫（Emelianoff）和恩科（Enke）将经典的厂商理论应用于合作经济组织为标志，埃米里扬诺夫建立了一个相对复杂的理论框架，把重点放在成员关系上；恩科把合作社看成企业，要实现合作社中的生产者剩余和消费者剩余的总额最大化，需要一个类似于投资者所有企业经理的角色。埃米里扬诺夫和恩科的研究使合作经济开始作为一门独立的学科出现③。对于新型农业合作化的研究可以划分为两个阶段：20 世纪 70 年代以前主要用新古典经济理论来研究合作经济组织理论；20 世纪 70 年代后包括产权理论、委托代理理论、

---

　　① 俞家宝. 农村合作经济学［M］. 北京：北京农业大学出版社，1994.
　　② 牛若峰，夏英. 农村合作经济发展概论［M］. 北京：中国农业出版社，2000.
　　③ Enke, S., 1945 "Consumer cooperatives and economic efficiency", Amereican Economic Review, 1945 (35)：148 – 155.

交易费用理论等，制度经济学的理论和博弈论、结构分析、实证经济分析等方法也越来越多地应用到新型农业合作化研究上来。随着新型农业合作化的发展，20 世纪 40 年代开始出现了针对农村合作的经济学研究。华德（Ward）[1] 首次以南斯拉夫的工人自治企业制度为原型，初步建立起了关于生产合作社的理论分析模型。该模型后来又被瓦纳克（Vanak）[2] 等进一步发展与完善，形成了一个较为系统的研究生产合作组织企业制度的经济分析模型。1960 年，克劳德·维尼根据乔杰斯·弗奎特的部门学说，提出在合作社中，人际比资本主导地位更重要的"社会经济"学说[3]。这一阶段研究最大的缺陷是没有特别指出生产合作组织的制度安排特征，在对传统的企业与生产合作组织相比较时，只注重纯经济理论模型的比较，而不注重对企业内部制度安排的比较，忽视了在比较中一个关键的制度要素。1972 年阿尔钦（Alchian）和德姆塞茨（Demsetz）将企业本身作为研究对象纳入了经济学日常研究之中，西方农业生产合作组织理论的发展也进入了制度经济学分析的阶段[4]。20 世纪 90 年代以来，合作经济理论进入了一个新的发展阶段，其研究可分为三个方面：一是在将合作经济组织视为独立厂商的基础上对 20 世纪 80 年代研究的深化；二是将合作经济组织视为一个追求效用最大化的亚群体，主要分析通过成员间的合作获得联合行动，但是成员之间的利益分配的方案和原则会发生分歧；三是将合作经济组织视为一种建立在交易成本理论、代理理论

---

① Ward, B. The firm in Ill yria: market syndicalism, American Economic Review, 1958, vol. 48.

② 瓦纳克有关该理论的主要著作参见：（1）Self – Management: Economic Liberation of Man. Penguin Education (1975)；（2）The Economics of Workers' Management: A Yugoslav Case Study. London: Allen & Unwin (1972)；（3）The General Theory of Labour-managed Market Economics, Ithaca, N. Y.: Cornell University Press (1970).

③ Alback, S. &Schultz, C. On the Relative Advantage of CooPeratives [J]. Economic Letters, 1998, 59 (2): 397 – 401.

④ Alchian, A. and Demsetz, H., "Production, Information Costs, and Economic Organization", American Economic Review, 1972, 62 (50): 777 – 795.

或不完全合约理论基础上的松散结合。

在政府与新型农业合作化的关系上，国外的研究大体可分为两派：一派是以美国学者萨皮罗（Aron Sapiro）为代表，萨皮罗主张对农业实行合法垄断，按照不同农产品自上而下建立专业农业合作化组织进行中央集中控制。另一派的代表人物诺斯（Edwin G. Nours）认为合作社是一个"没有感情的企业"，主张通过加强竞争、提高市场效率来推动农业合作化组织的发展。此后的很长时间，许多学者们围绕政府和新型农业合作化的关系进行了大量的研究。印度学者杜伯哈什倡导"国家和合作社之间是伙伴关系"。他认为，国家对于合作经济的帮助必不可少，特别是在合作经济组织发展初期，帮助只能源于国家。国家对于合作经济组织的帮助分为常规和积极两种：常规帮助即"守夜人"功能，只是给予认可并为其创造良好的市场环境；积极帮助即主动地介入合作经济组织的发展。政府避免过度干预要做好两方面的工作：一是随着合作经济组织的发展和完善，将越来越多的功能从政府转移到合作经济组织自身的机构中；二是功能的转移必须与合作经济组织机构行使这些功能的能力相协调①。阿尔钦和德姆塞茨（1972）指出，农业合作社特殊权利结构所引发的五个主要缺陷影响合作社的效率，这些缺陷需要从制度层面上借助外力加以解决。金荣枰指出："新村运动的顺利推进是与政府的支援分不开的，政府对于新村领导者指导并努力推进协动式发展的村，往往给予技术和财政上的支援；对于还没有出现领导者的村，政府对候补者进行培训，培养新村领导者。""在经济支持上，采取差别化原则"②。加拿大学者保罗·卡斯尔曼（Paul Casselman）把国家对农业合作社的态度总结为四种：第一，对立。国家不承认农业合作社市场主体的身份。第

---

① 格雷戈里 P R，斯图尔特 R C. 比较经济体制学 [M]. 上海：上海三联书店，1988.

② [韩] 金荣枰著，徐海港译. 韩国的新村运动及其政府角色 [J]. 学海，2007（4）：96 – 101.

二，过度热情。国家过多干预农业合作社的管理和日常事务。第三，无差别。国家将农业合作社视为一般的企业法人。第四，恰如其分。国家在为农业合作社的发展创造良好外部环境的同时，以适当的方式帮助其发展，保持了良好的"市场中性"。卡斯尔曼认为从长远来看，农业合作社达到自助或自立对政府有利。国际合作社联盟有关决议对政府与合作经济组织的关系做出的规范为政府支持合作经济组织提供了广泛参照：一是政府为合作经济组织提供法律保护，按照合作制原则，制定和执行进步的合作经济组织法，并采取步骤防止合作经济组织官方化；二是支持建立一个自立的、强大的合作经济组织工作部门，作为政府和合作经济组织之间对话的渠道，起沟通作用；三是帮助合作经济组织发展和建立各项互助合作基金，培养专业化管理人才；四是支持合作经济组织的教育和培训，在各类学校和一般教育课程中，应加入合作经济组织的内容；五是宣传倡导合作经济组织价值和精神，对于为合作经济组织发展突出贡献的人授予适当的荣誉和必要的奖励等①。

二、国内研究综述

国内关于新型农业合作化的研究始于 20 世纪 80 年代，进入 90 年代后，特别是随着我国社会主义市场经济体制的建立，一家一户小农经济与市场的矛盾突出出来，如何通过提高农民的组织化程度来解决这个问题，理论工作者开始研究。出现了许多以新型农业合作化为对象的研究成果。以"农民合作组织""农村合作组织""新型农业合作化""农民专业合作经济组织""农民专业合作社""农村技术协会"等为题名在中国知网和其他国内常用的数据库中检索 1989～2019 年间的文章，共有上千篇文献，已发表的关于研究我国新型农

---

① 夏英. 政府扶持农民合作社的理论依据与政策要点 [J]. 农村经营管理，2004（4）：4 - 6.

业合作化的专著和博士论文共有一百余部（篇）。现把相关研究总结如下。

（一） 对我国新型农业合作化的理解

从现有的文献资料看，目前学术界对新型农业合作化的概念和界定尚不规范，一方面，研究中所使用的名称缺乏统一性；另一方面，对于新型农业合作化的内涵和外延尚未达成共识。

陈剑波[①]、牛若峰[②]认为，不管农业合作化组织的名称和模式如何，但其本质特征都是劳动者联合约定的经济经营组织。张卓元认为，合作经济既是劳动者的劳动联合，又是资本联合，二者是并列平行的[③]。朱道华认为，合作经济的本质特征是交易的联合，合作经济组织主要因为成员交易而设立，其主要功能是为成员提供交易上的服务，交易量越多、交易额越大，越需要合作经济组织，合作经济组织越有其存在的价值，合作经济组织的盈余，主要是也按交易额进行分配[④]。

关于新型农业合作化组织的性质，有三种观点：一是认为新型农业合作化组织是农民联合自助，约定共营的一个企业形式的法人经营共同体，各"合作人"是具有私人财产和分户经营的单位[⑤]。二是认为新型农业合作化组织是农民自愿入社，不以营利为目的，而是最大

---

① 陈剑波. 人民公社的产权制度研究：对排他性受到严格限制的产权体系所进行的制度分析 [J]. 经济研究，1994（7）：47 – 53.

② 牛若峰. 再论市场经济与农民自由联合 [J]. 农村合作经济经营管理，1999（1）：20 – 22.

③ 张卓元. "十五"大报告对社会主义经济理论的重要贡献 [J]. 经济研究，1997（10）：7 – 15.

④ 朱道华. 关于农村合作经济的几个问题 [J]. 农村合作经济经营管理，1999（8）：3 – 5.

⑤ 万江红，徐小霞. 我国农村合作经济组织研究评述 [J]. 农村经济，2006（4）：125 – 127.

限度为社员提供服务的社团法人①。三是认为当前新型农业合作化组织的性质介于社会团体和合作企业之间②。

（二）政府与新型农业合作化的关系

目前，国内现有的专门研究政府与新型农业合作化关系的成果并不太多，现有研究多集中于新型农业合作化外部环境构建中，而外部环境的焦点在于新型农业合作化与政府的关系上。学者们无一例外地认为政府在新型农业合作化发展过程中有积极作用，能够促进新型农业合作化组织内部制度的完善和外部环境的优化，其区别主要体现在政府发挥作用的领域、环节和具体方式上。

张晓山（1991）③认为，在市场经济初级阶段的农业合作社发展中，政府干预必不可少，是名副其实的"第一推动力"，但政府的干预存在潜在的危险，应当适度，在农业合作社发展步入正轨后，政府应当以合作经济组织自力更生为出发点来处理二者的关系。牛若峰（1999）④认为，我国国情决定了政府在合作经济发展中的责任是扶持、引导、服务和规范；其角色定位于合作经济发展的积极支持者、公共服务者和法制管理者角色。范小健（1999）⑤认为，政府应在法律上确立合作经济组织自主经营、自负盈亏的地位，不应过多地干预合作经济组织的内部事务，合作经济组织立法应该着重解决国家如何指导和扶持的问题，应在相关条款规定政府干预的目的、范围和界

---

① 任大鹏，潘晓红等. 有关农民合作经济组织立法的几个问题 [J]. 中国农村经济，2004（7）：41 – 45.

② 潘劲. 中国农村合作社发展及所面临的问题——"中德农村合作社发展"双边研讨会综述 [J]. 中国农村经济，2000（4）：75 – 80.

③ 张晓山. 合作经济理论与实践 [M]. 北京：中国城市出版社，1991.

④ 牛若峰. 关于合作经济发展的几个基本问题 [J]. 农村合作经济经营管理，1999（11）：15 – 18.

⑤ 范小健. 关于我国农村合作经济发展有关问题的思考 [J]. 中国农村经济，1999（4）：10 – 14.

限。罗必良（2000）①将新古典经济学与制度经济学的理论方法结合，从交易技术结构与体制组织的匹配关系上揭示了政府、市场与新型农业合作化的职能空间，为正确处理三者的关系提供了合理性判断，避免了目前存在的或把责任推向政府，或一味强调农民自身功能的极端倾向。苑鹏（2001）② 认为，合作组织制度的反市场性决定了其对国家扶持具有天然的倾向性，政府对农业合作化干预符合市场经济的基本原则，不能过多地介入到合作经济组织的日常经营决策中，其作用主要体现在加强立法建设、制定扶持政策、提供公共品等方面，为农业合作化的健康成长营造良好的外部环境。石秀和（2003）③ 认为，政府和合作经济组织的关系要把握好具体"度"，要视各国具体情况而定。我国目前应选择以合作运动为主，合作政策为辅的方式，坚持"民办公助"的选择。廖运凤（2004）④ 强调政府对农业合作化的服务职能，应为其创造良好的外部环境，政府对农业合作化的支持不仅体现在必要的财政资金投入和金融优惠上，更要体现在对合作经济的法律地位的确认和保护，对合作经济组织的宏观管理的到位与协调机构的设置，对合作制的理论研究和宣传的正确引导，对合作经济所需人才的培养和造就等诸多方面上。尤庆国、林万龙（2005）⑤ 认为，我国农户的组织化程度还很低，普遍存在注册登记、税收优惠、贷款困难等问题，农户较为薄弱的合作意识、政府的支持力度不够等成为影响专业合作经济组织发展进程的重要原因。郭晓鸣、曾旭晖（2005）⑥ 从政府的角色定位和介入方式方面进行实证研

---

① 罗必良. 经济组织的制度逻辑 [M]. 太原：山西经济出版社，2000.

② 苑鹏. 中国农村市场化进程中的农民合作组织研究 [J]. 中国社会科学，2001（6）：63-73.

③ 石秀和. 论我国合作经济的制度创新 [J]. 农业经济问题，2003（12）：63-66.

④ 廖运凤. 对合作制若干理论问题的思考 [J]. 中国农村经济，2004（5）：4-9.

⑤ 尤庆国，林万龙. 农村专业合作经济组织的运行机制分析与政策影响评价 [J]. 农业经济问题，2005（9）：4-9.

⑥ 郭晓鸣，曾旭晖. 农民合作组织发展与地方政府的角色 [J]. 农业经济问题，2005（6）：25-29.

究，发现农业合作化表现为明显的行政主导态势，行政色彩浓厚，合作属性淡化，不能有效维护农民利益。徐旭初（2005）[①] 认为，合作经济组织几乎"先天"地与政府有着纠缠不清的关系，农业合作社的行政合法性和政治合法性只能从政府那里获得。张晓山（2007）[②] 指出，合作组织只能在既定的外部框架中发展，目前中国的政府（主要是各级地方政府）与合作组织之间存在干预与被干预、保护与被保护的关系。储德银、经庭如（2009）认为，政府应既为农业合作化组织发展提供必要的扶持，又给予新型农业合作化组织充分的自主权。

（三）新型农业合作化的财政政策

刘丽娟（2006）[③] 认为，财政对农业合作社的直接和间接扶持，对于农业合作社的形成和发展起到了奠基作用。然而，在思想认识、扶持政策、资金扶持机制及渠道等方面还存在着需要财政部门明确和规范的问题。要使财政扶持在农业合作社今后的发展中发挥更大的作用，财政部门必须提高认识，明确财政扶持的相关政策，规范财政资金的投入机制，拓宽融资渠道，引导农业合作社的健康发展。马衍伟（2007）[④] 从公共经济学、制度经济学、企业公民理论、交易成本经济学等视角探讨了税收调节农业合作社的理论基础，并从多个方面提出了我国支持农业合作社发展的税收政策选择。财政部财政科学研究所（2008）[⑤] 系统分析了农业合作社的内涵及其在我国的发展现状，

---

① 徐旭初. 农民专业合作组织立法的制度导向辨析 [J]. 中国农村经济，2005（6）：19 – 24.

② 张晓山. 创新农民经济组织，发展现代农业 [J]. 新视野，2007（6）：14 – 17.

③ 刘丽娟. 财政扶持农村合作经济组织的个案研究与对策分析 [J]. 农村经济，2006（6）：115 – 117.

④ 马衍伟. 支持农村合作经济组织发展的税收政策选择 [J]. 兰州商学院学报，2007（2）：25 – 33.

⑤ 财政部财政科学研究所外国财政研究室. 支持新型农村合作经济组织的财政政策研究 [J]. 经济研究参考，2008（7）：36 – 56.

总结了新中国成立以后我国支持农业合作社发展的财政政策，并从多
个视角提出了完善农业合作社税收政策的对策建议。经庭如、储德银
(2007)① 认为应推行免税资格认定制，加强对农业合作社的税收管
理，以营利与否为标准对农村合作经济组织采取差别税收政策，对于
弱势群体组成的农业合作社，政府应在税收上给予最大限度的优惠。
尹惠斌（2008)② 以湖南省为例分析了我国农业合作化中的财政政
策，他认为我国农业合作化财政政策存在着以下几个问题：一是财政
扶持资金增长速度较快，但直接支持资金总量相对较少；二是支持硬
件建设资金相对较多，支持软件建设资金相对较少；三是县乡财政支
持资金相对较多，省市财政支持资金相对较少。支持农业合作化发展
的财政政策要做好以下几点：在扶持数量上要具有整合力；在扶持方
向上要形成引导力；在资金使用上要具有监督力。李冬梅（2009)③
总结了我国现行农业合作化的税收政策，认为我国农业合作社法律身
份不明确，模糊了税收支持政策的主体，税收政策意图不明显，降低
了政策的效力，税收政策实施中存在诸多障碍，损害了政策的效率。
邵延学、周丽俭（2009)④ 认为，农业合作社在黑龙江省农业的农业
产业化、农民增收等方面起到了重要作用，但是由于农业本身的弱质
性，要想解决黑龙江省农业合作社发展过程中存在的各种问题，政府
应该有所作为。在财政扶持方面，应该加大财政投入力度、明确财政
扶持的重点和内容、采取灵活的财政扶持方式、扩大财政扶持的融资
渠道；在税收方面，应该科学界定农业合作社的法人地位、对农业合
作社进行免税资格认定、实行差别税收待遇、对合作经济组织接受捐

---

① 经庭如，储德银. 农村合作经济组织发展的税收理论解析及对策构想 [J]. 技术
经济，2007（11）：70 - 72.
② 尹惠斌. 湖南省农村合作经济组织发展的财政扶持探析 [J]. 中国集体经济，
2007（6）：89 - 90.
③ 李冬梅. 试析完善我国农民合作经济组织的税收支持政策 [J]. 税务研究，2009
（11）：14 - 16.
④ 邵延学，周丽俭. 浅谈黑龙江省农村合作经济组织发展的财政政策支持 [J]. 哈
尔滨商业大学学报，2009（5）：61 - 63.

赠实行优惠税收政策等。

通过以上综述可以看出，国内外学者对新型农业合作化的本质、发展路径、内部治理结构等多方面取得了大量研究成果。现有成果是对新型农业合作化进一步深入研究的基础，对本研究具有非常重要的借鉴意义，但仍存在着一些不足：第一，在研究的视角上，目前理论界大多从整体上研究新型农业合作化发展过程中内外影响因素，在政府扶持新型农业合作化的原因分析上，缺乏从公共经济学视角进行的理论阐释。第二，在研究方法上，规范分析为主，实证研究相对较少。第三，在研究内容上，从财政政策视角研究新型农业合作化的成果相对匮乏。而且，大多数成果仅是简单地对国内外政策的罗列、问题的总结和泛泛的政策建议，缺乏深入的理论分析、翔实的实证研究以及建立在理论和实证基础上的前瞻性对策研究。我国新型农业合作化发展起步晚，仍处于初级阶段，在市场经济的大背景下，有必要对政府如何采取有效的措施促进新型农业合作化的发展进行深入研究，从而建立适合中国国情的财政支持的基本制度框架，探讨适应我国国情和社会主义市场经济的新型农业合作化发展道路。

第四节　研究思路和方法

一、研究思路

本书以新型农业合作化组织为研究对象，从财政政策角度分析促进我国新型农业合作化发展的理论基础、政策沿革、政策效应和现实选择。本书各章的内容如下：

第一章，绪论。改革开放以来，家庭联产承包责任制充分调动了广大农民的积极性和创造性，解放和发展了农村生产力。然而，一家一户的小农经济造成了农业生产经营分散化和非组织化，农村生产关系与生产力的矛盾已经凸显。农业合作化是解决这一问题的重要途径。农村合作经济在西方有近200年的历史，已经成为实现农业现代化的重要载体。我国新型农业合作化还处于起步阶段，推进农业合作化是实现农业现代化和城乡一体化目标的必然选择。本章在阐述我国新型农业合作化的背景和意义基础上，界定农业合作化、农民专业合作社、家庭农场、城乡一体化等相关概念，评述国内外相关研究现状，归纳对本书的研究思路和研究方法，总结本书的创新和不足之处。

第二章，我国新型农业合作化发展历程和财政政策沿革。我国新型农业合作化从改革开放初期的自发发展到目前的蓬勃发展，分析其原因，政府的支持必不可少，其支持力度与农业合作化的发展阶段密不可分。我国农业合作化的财政政策经过了"由暗到明"、由多到少的过程。本章首先总结改革开放以后我国新型农业合作化的发展历程，可分为自我发展、快速发展、稳步发展、全面推进和深化等四个阶段，然后分析新型农业合作化和新中国成立初期农业合作化的异同，最后系统地归纳不同阶段新型农业合作化财政政策，总结其成功经验和不足之处。

第三章，财政政策促进新型农业合作化发展的经济学动因和理论依据。从经济学视角分析我国新型农业合作化的动因和财政政策的作用机理，对于相关政策的制定具有特别重要的意义。本章首先从经济学的角度分析新型农业合作化产生的原因：农业合作化能够有效地降低农民交易的费用，降低农业生产的自然风险和市场风险，通过明晰产权促进农业的发展，等等。然后，从公共品、外部性、基础产业等方面寻求财政政策促进新型农业合作化发展的作用机理，为财政政策的制定找到理论之源。

第四章，国外农业合作化财政政策及经验借鉴。国外农业合作化主要有三种模式：第一种模式（美加模式）主要是以美国、加拿大为代表的跨区域合作化类型；第二种模式（日韩模式）主要是以日韩为代表的综合性合作化类型；第三种模式（欧洲模式）主要是以法国为代表的专业性合作化类型。本章选取这三种模式最为典型的美国、日本和法国三个国家，具体分析这三种国家农业合作化发展过程中政府行为的基本情况，总结这些国家农业合作化的财政政策，分析其共同之处，以对我国农业合作化发展过程中的政府行为和财政政策的制定提供借鉴，更好地促进我国新型农业合作化的发展，从而推动我国的农业现代化和城乡一体化进程。

第五章，我国新型农业合作化财政政策绩效评价。财政政策对于我国农业合作化的效应评价现有研究的一个空白。本章首先分析通过回归分析法分析了财政支出对农业增产和农民增收两个方面的效应；然后以某省为例，分析了财政支出政策对农民专业合作社的效用；最后，选取了某省 100 个农村合作经济组织，通过调查问卷的方式，分析了税收政策对农业合作化的作用。

第六章，推动我国新型农业合作化发展的财政政策选择。政府在推动新型农业合作化进程中应定位于一个提供便利者，而不是一个具体执行者。我国新型农业合作化发展中政府作用的发挥应当立足于建立适当的法律制度和政策环境，充当方向的引导者、发展的激发者、各项驱动因素的协调者和公共服务的提供者，发挥宏观战略的导向作用、激励政策的诱导作用和各种资源的整合作用。我国农村专业合作经济组织财政政策的制定要立足现实，有所区别，分别确定财政支出政策和税收政策的原则，充分发挥不同政策对不同农村专业合作经济组织的作用，同时，要在完善财政政策的同时制定其他相关政策，充分发挥相关政策的整合作用。

二、研究方法

本书在研究的过程中并未局限于某一种研究方法，而是用一种系统的观点综合应用多种研究方法，本书研究方法的特点主要体现在以下方面：

（一） 系统分析和比较分析相结合

系统分析是本书自始至终运用的主要方法。因为系统论主要关注系统的整体性，强调特定行为与结果的产生取决于不同参与者间和各相关因素间的相互关系和相互作用，只有搞清系统中各要素关系及其作用方式才能提高系统整体功能。本书把新型农业合作化看成一个系统，其成功取决于系统内外各种驱动因素的相互作用、有效整合与协同，财政政策只是其中一个重要的组成部分。比较分析法也是贯穿全书的分析方法，在财政支出政策和税收政策的作用、国内外新型农业合作化的财政政策比较、协会型和合作社型新型农业合作化组织不同政策的运用等方面都运用了比较分析法。

（二） 定性分析和定量分析相结合

定性研究是探索性研究的一种方法，主要侧重于从事物的本质属性上来认识和把握事物；定量分析则是要寻求将数据定量表示的方法，它主要侧重于从事物的规模和数量上来认识和把握事物。在本书的研究中，对我国新型农业合作化发展和财政激励政策沿革以及国外新型农业合作化财政政策及经验借鉴等分析中，较多地采用了定性分析的方法；对我国财政支农和新型农业合作化财政政策效应分析，通过问卷发放和数理统计方法，用统计数据对定性分析的结果进行了验证，都采用定量分析的方法，从而使得理论分析更加完善。

（三） 规范分析与实证分析相结合

规范分析是分析事物应该是怎样、不应该是怎样的，带有主观价值判断的分析方法；实证分析是通过对事物的客观描述来说明事物是什么或不是什么。在规范分析方面，本书首先总结了新型农业合作化产生的经济学动因和作用；其次，分析了财政政策促进新型农业合作化发展的理论依据；最后，对我国新型农业合作化发展和财政激励政策沿革以及国外新型农业合作化财政政策进行了详细的分析。在实证分析方面，本书运用计量方法，对我国财政支农政策和山东省新型农业合作化财政政策的有效性进行了分析。

第二章　我国新型农业合作化发展历程和财政政策沿革

　　家庭联产承包责任制的推行极大地解放和发展了农村的生产力，促进了农业生产的发展和农民的增收。随着市场经济的发展和完善，一家一户的小农经济遇到了"瓶颈"，近年来城乡之间差距的加大是其重要的表现。新型农业合作化组织的出现和发展成为突破这一"瓶颈"的重要途径，我国新型农业合作化组织从改革开放初期的自发发展到目前的蓬勃发展，分析其原因，政府的支持必不可少，其支持力度与新型农业合作化的发展阶段密不可分。我国新型农业合作化的财政政策经过了"由暗到明"、由多到少的过程。

第一节　我国新型农业合作化的历史沿革

　　改革开放以后，由于多方面原因，我国新型农业合作化经历了曲折的发展过程。根据政府扶持的程度，我国新型农业合作化的发展大致可分为自发发展、支持态度逐步明朗、加快政策支持和积极试点、全面推进和深化四个阶段。

一、20 世纪 80 年代中期以前的自发发展阶段

　　20 世纪 80 年代初，我国家庭联产承包责任制刚刚推行，农民就开

始以自己的聪明才智和创造力，对改革开放以后小规模农户分散经营如何实现于国内外市场的对接，给出了组织创新的答案。1980 年 3 月，浙江省第一家新型农业合作化组织——浙江省临海市茶叶协会成立，1984 年，浙江省又在苍南县进行试点，组建宜山铁农农民服务社①。这一阶段的合作经济组织大多称为"专业技术协会"或"研究会"，大部分是在当地科学技术协会（简称科协）指导下或依附于科协部门兴办的，活动的内容以技术合作和交流为主。由于当时的新型农业合作化多属于自发形成，没有形成相对完善的发展模式，组织管理也不规范，没有明确的组织章程，成员的权利和义务也不明确，成员的流动性较大，成员间的合作也相对较少且不成熟。这与当时整个的宏观经济密切相关，刚刚实行家庭联产承包责任制之初，广大农民最为迫切的需求在于农业生产技术的提高。虽然，1983 年中央 1 号文件《当前农村经济政策的若干问题》提出要建立农村的技术服务组织，但没有政策跟进，推动效果并不明显。

二、政府支持态度逐步明朗化，快速发展阶段

20 世纪 80 年代中期至 20 世纪 90 年代初期，这一阶段为我国新型农业合作化快速发展和政府支持态度逐步明朗化的阶段。1986 年 1 月 1 日，中共中央、国务院下发的《关于一九八六年农村工作的部署》指出，各有关部门应对社村合作组织兴办的农工商公司或多种经营服务公司、同行业的专业合作社或协会等给予热情支持和帮助。1991 年 10 月 28 日，国务院下发的《国务院关于加强农业社会化服务体系建设的通知》将农业专业技术协会、专业合作社作为农业社会化服务的形式之一，各级政府对农民自办、联办服务组织要积极支持，保护他们的合法权益，同时要加强管理，引导他们健康发展。据

---

① 浙江省政协"统筹城乡经济社会发展"课题第二专题组. 发展农村专业合作经济组织是统筹城乡发展的历史选择 [R]. 2004 (9).

中国科协统计，1986 年全国农村各种专业技术协会有 6 万多个，到 1992 年迅速发展到 12 万多个，数量翻了一番①。大量新型农业合作化的出现，提高了农民的技术水平，提高了农业产量，增加了农民收入，促进了农村经济的发展。

三、加强政策支持和积极组织试点，稳步发展阶段

20 世纪 90 年代初期至 20 世纪 90 年代末期，这一阶段为我国新型农业合作化加强政策支持和积极组织试点相结合、重视部门作用和制度化建设相结合的阶段。随着市场化程度的逐步提高，一家一户的小农经济越来越不能适应市场的要求，农产品销售难的问题日益突出。因此，农民要求合作的呼声越来越高，与之相适应，新出现了一些主要从事农产品销售的农业合作社，许多原有的农业合作社的主要经营方向转向了农产品销售。这一阶段的新型农业合作化的组织形式日益紧密，活动范围也逐步扩大，呈现出以下几个特点：一是活动内容扩宽。由技术为主转向共同销售农产品、共同购买生产资料以及共同使用资金、设备等方面的合作。二是兴办的主体多样化，除了许多农业大户和农村"能人"带头成立了合作经济组织以外，各类农村的组织、涉农部门和农业企业也纷纷牵头组建新型农业合作社。三是组织形式更加紧密。这一阶段，许多农业合作社制订了组织章程，明确了会员的权利和义务，内部管理制度也日趋完善。四是活动范围逐渐扩大。许多合作经济组织逐步脱离了以往以村民小组或村为单位的限制，出现了一些跨乡甚至跨县的合作经济组织。

1993 年，国务院确定农业部为农业合作社的行政主管部门。从地方政府来看，虽没有明确主管部门，但一般都在农委牵头下相关部门参与。1994 年，中共中央、国务院下发《关于一九九四年农业和

①　全国人大农业与农村委员会课题组. 农民合作经济组织法立法专题研究报告 [J]. 农村经营管理，2004（9）：43 – 46.

农村工作的意见》强调，要抓紧制定《农民专业协会章程》，引导农民专业协会真正成为民办、民管、民受益的新型经济组织。同年，农业部起草了《农民专业协会示范章程》，并确定安徽为农民专业协会示范章程的试点省，陕西、山西为借鉴日本农协经验的试点省；农业部和中国科协联合下发了《关于加强对农民专业技术协会指导和扶持工作的通知》。此外，山东、四川等省还结合农业支持项目，有针对性地开展了新型农业合作化的试点工作。1995 年《中共中央　国务院关于深化合作社改革的决定》和 1999 年的国务院下发的《国务院关于解决当前供销合作社几个突出问题的通知》都提出供销合作社要积极发展专业合作社，为农业、农村、农民提供综合性、系列化的经济技术服务，引导农民有组织地进入市场。与此相适应，一些地方政府也制定了一些地方性的行政性法规，有的省份出台了《农村合作经济组织管理条例》，以推动地方合作经济组织的发展。

四、全面推进和深化的阶段

20 世纪 90 年代末期至今，中国新型农业合作化的发展逐步进入全面推进和深化的时期。随着经济的发展，我国政府逐步意识到新型农业合作化的重要作用，在各种法律法规中制定了一些促进新型农业合作化发展的措施：2003 年 1 月 1 日起实施的《中华人民共和国农村土地承包法》第四十二条规定，承包方之间为发展农业生产，可以自愿联合将土地承包经营权入股，从事农业合作生产。2003 年 3 月 1 日实施的《中华人民共和国农业法》第十一条规定，国家鼓励农民在家庭承包经营的基础上自愿组成各类专业合作经济组织；第十四条规定，农民和农业生产经营组织可以按照法律、行政法规成立各种农产品行业协会，为成员提供生产、营销、信息、技术、培训等服务，发挥协调和自律作用，提出农产品贸易救济措施的申请，维护成员和行业的利益；第四十四条规定，国家鼓励供销合作社、农村集体经济组织、农民专业合作经济组织、其他组织和个人发展多种形式的农业生产产前、产中、产后的社会化服务事业。县级以上人民政府及其各有关部门应当采取措施对农业社会化服务事业给予支持。2005年10月11日通过的《中共中央关于制定国民经济和社会发展第十一个五年规划的建议》中明确指出，要"鼓励和引导农民发展各类专业合作经济组织，提高农业的组织化程度"。2007年7月1日起开始实施的《中华人民共和国农民专业合作社法》，首次明确了农民专业合作社的法人地位，填补了我国市场主体的一项空白，为新型农业合作化的快速发展提供了坚实的基础和保障。

2017年12月27日，十二届全国人大常委会第三十一次会议表决通过修订的《中华人民共和国农民专业合作社法》，由第83号主席令予以公布，自2018年7月1日起施行。这次调整的主要内容包括：（1）调整法律范围。一是为适应农民专业合作社由单一生产经营模式向多种经营和服务综合化方向发展的转变，在第二条取消了"同类"的限制，扩大法律调整范围；二是结合农村民间工艺及制品、休闲农业和乡村旅游资源开发经营等新兴服务类型的发展态势，在第三条以列举的方式扩大农民专业合作社的服务类型。（2）建立县级以上人民政府建立综合协调机制。第十一条增加一款规定："县级以上人民政府应当建立农民专业合作社工作的综合协调机制，统筹指导、协调、推动农民专业合作社的建设和发展。"这就表明：一是县级以上人民政府在农民专业合作社建设和发展中的职责是"统筹指导、协调、推动"，不是"管理"；二是农民专业合作社建设与发展工作的主体是县级以上人民政府。（3）进一步规范农民专业合作社的组织和行为。一是第十三条对成员的出资形式予以明确，除规定货币、实物、知识产权、林权等可以用货币估价并可以依法转让的非货币财产出资外，明确土地经营权可以作价出资，以及章程规定的其他方式作价出资；二是第十七条对年度报告制度予以明确，要求农民专业合作社向登记机关报送年度报告，并向社会公示；三是第二十四条和第二十六条分别对成员入社和除名的程序做了规定，明确都应经成员大会或者成员代表大会表决通过。（4）增设农民专业合作社联合社一章。修订后的法律在总则部分明确，农民专业合作社可以自愿设立或加入农民专业合作社联合社，在第七章对联合社的成员资格、注册登记、组织机构等做出规定。第五十六条规定，三个以上农民专业合作社可以出资设立联合社。对于企事业单位和社会组织能否加入联合社，本条没有明确规定。但第六十三条做了兜底性规定，明确本章对联合社没有规定的，适用农民专业合作社的规定。第五十七条对联合社取得法人资格的方式做了规定：一是经登记取得法人资格；二是登记机关是工商行政管理部门；三是登记时应按照第十三条提交相关文件；四是登记类型为"农民专业合作社联合社"。第五十九条对联合社的组织机构做了规定，明确联合社应设立由全体成员参加的成员大会，不设成员代表大会，可以根据需要设立理事会、监事会或者执行监事，理事长、理事应当由成员社选派的人员担任。（5）扶持政策。农民专业合作社作为以农民为主的互助性经济组织，需要国家给予一定的扶持政策。在之前扶持政策的基础上，本次修订主要增加了三方面的内容：一是第六十五条中增加一款，规定县级以上人民政府应当对财政补助资金使用情况进行监督，以切实保障补助资金使用到位，提高资金使用效益。二是第六十六条新增第三款鼓励农村保险、互助保险的发展，提高农民防范风险的能力。国家通过鼓励农民专业合作社依法开展互助保险，实现成员互助共济，缓解商业保险难的问题。三是第六十八条新增用电用地方面的扶持政策，支持农民专业合作社开展农产品加工，降低生产成本，增加收入。（6）其他方面的修改。一是第七条明确农民专业合作社享有与其他市场主体平等的法律地位，第十八条规定农民专业合作社可以向公司等企业投资。二是第三十二条明确成员代表大会的成员代表规模，解决了农民专业合作社在规模扩大、成员分散情况下，难以召开成员大会对重大事项进行表决的问题。三是法律责任方面，加大了处罚力度，第七十条明确对采取欺诈手段取得登记的，可以处五千元以下罚款；情节严重的，撤销登记或者吊销营业执照。第七十一条明确对连续两年未从事经营活动的，工商行政管理部门可以吊销营业执照。四是第七十三条明确国有农场、林场、牧场、渔场等企业中实行承包租赁经营、从事农业生产经营或者服务的职工，兴办农民专业合作社适用本法，确保上述主体可以成为农民专业合作社成员。

从 2004～2019 年，中央连续 16 个 1 号文件都谈到了新型农业合作化。2004 年中央 1 号文件《中共中央 国务院关于促进农民增加收入若干政策的意见》规定，积极发挥农民专业合作组织在农业科技推广中的作用；鼓励发展各类农产品专业合作组织；积极推进有关农民专业合作组织的立法工作。2005 年中央 1 号文件《关于进一步加强农村工作提高农业综合生产能力若干政策的意见》指出，积极探索专业合作组织为农户承贷承还、提供贷款担保等有效办法。2006 年中央 1 号文件《关于推进社会主义新农村建设的若干意见》指出，要推广合作组织与农户有机结合的组织形式，让农民从产业化经营中得到更多的实惠；积极引导和支持农民发展各类专业合作经济组织，加快立法进程，加大扶持力度。2007 年中央 1 号文件《关于积极发展现代农业扎实推进社会主义新农村建设的若干意见》指出，鼓励农业生产经营者共同使用、合作经营农业机械，积极培育和发展农机大户和农机专业服务组织；支持农民专业合作组织等直接向城市超市、社区菜市场和便利店配送农产品；积极发展农民专业合作组织等各类适应现代农业发展要求的经营主体；认真贯彻农民专业合作社法，支持农民专业合作组织加快发展，各地要加快制定推动农民专业合作社发展的实施细则，有关部门要抓紧出台具体登记办法、财务会计制度和配套支持措施，要着力支持农民专业合作组织开展市场营销、信息服务、技术培训、农产品加工储藏和农资采购经营。2008 年中央 1 号文件《关于切实加强农业基础建设进一步促进农业发展农民增收的若干意见》指出，继续实施农业标准化示范项目，扶持农民专业合作组织率先实行标准化生产；鼓励农民专业合作社兴办农产品加工企业或参股龙头企业；支持农民用水合作组织发展，提高服务能力；扶持发展农机合作社；重点培训专业合作组织领办人；全面贯彻落实农民专业合作社法，抓紧出台配套法规政策，农民专业合作社可以申请承担国家的有关涉农项目，支持发展农业生产经营服务组织，为农民提供代耕代种、用水管理和仓储运输等服务，鼓励发展农村综合服务组织，具备条件的地方可建立便民利民的农村社区服务中心和公益服务站。2009 年中央 1 号文件《关于促进农业发展农民增收若干意见》指出，抓紧出台对农民专业合作社开展信用合作试点的具体办法；鼓励在农村发展互助合作保险和商业保险业务；推动农民专业合作社等率先实行标准化生产；加快发展农民专业合作社，开展示范社建设行动；支持农民专业合作社等加快发展农资连锁经营，推行农资信用销售①。2010 年中央 1 号文件《中共中央　国务院关于加大统筹城乡发展力度进一步夯实农业农村发展基础的若干意见》指出，新增农业补贴适当向农民专业合作社倾斜；着力提高农业生产经营组织化程度，推动统一经营向发展农户联合与合作，大力发展农民专业合作社，对服务能力强、民主管理好的合作社给予补助，支持有条件的合作社兴办农村资金互助社，扶持农民专业合作社自办农产品加工企业，积极发展农业农村各种社会化服务组织；规范集体林权流转，支持发展林农专业合作社；规范集体林权流转，支持发展林农专业合作社②。

2011 年中央 1 号文件《关于加快水利改革发展的决定》指出，大力发展农民用水合作组织。2012 年中央 1 号文件《关于加快推进农业科技创新持续增强农产品供给保障能力的若干意见》指出，继

---

① 历年"中央一号文件"一览. http：//finance. people. com. cn/n/2013/0103/c1004 - 20394170. html.

② http：//www. yyny. gov. cn/ReadNews. asp? NewsID = 2079&BigClassName = % D5% FE% B2% DF% B7% A8% B9% E6&SmallClassName = % C8% AB% B9% FA% D0% D4% D5% FE% B2% DF% B7% A8% B9% E6.

续加大农业补贴强度，新增补贴向主产区、种养大户、农民专业合作社倾斜；加大支持力度，加强辅导服务，推进示范社建设行动，促进农民专业合作社规范运行。支持农民专业合作社兴办农产品加工企业或参股龙头企业①。2013 年中央 1 号文件《中共中央国务院关于加快发展现代农业进一步增强农村发展活力的若干意见》指出，继续增加农业补贴资金规模，新增补贴向主产区和优势产区集中，向专业大户、家庭农场、农民合作社等新型生产经营主体倾斜。农民合作社是带动农户进入市场的基本主体，是发展农村集体经济的新型实体，是创新农村社会管理的有效载体。按照积极发展、逐步规范、强化扶持、提升素质的要求，加大力度、加快步伐发展农民合作社，切实提高引领带动能力和市场竞争能力。鼓励农民兴办专业合作和股份合作等多元化、多类型合作社。实行部门联合评定示范社机制，分级建立示范社名录，把示范社作为政策扶持重点。安排部分财政投资项目直接投向符合条件的合作社，引导国家补助项目形成的资产移交合作社管护，指导合作社建立健全项目资产管护机制。增加农民合作社发展资金，支持合作社改善生产经营条件、增强发展能力。逐步扩大农村土地整理、农业综合开发、农田水利建设、农技推广等涉农项目由合作社承担的规模。对示范社建设鲜活农产品仓储物流设施、兴办农产品加工业给予补助。在信用评定基础上对示范社开展联合授信，有条件的地方予以贷款贴息，规范合作社开展信用合作。完善合作社税收优惠政策，把合作社纳入国民经济统计并作为单独纳税主体列入税务登记，做好合作社发票领用等工作。创新适合合作社生产经营特点的保险产品和服务。建立合作社带头人人才库和培训基地，广泛开展合作社带头人、经营管理人员和辅导员培训，引导高校毕业生到合作社工作。落实设施农用地政策，合作社生产设施用地和附属设施用地按农用地管理。引导农民合作社以产品和产业为纽带开展合作与联合，

---

① http://www.gov.cn/gongbao/content/2012/content_2068256.htm.

积极探索合作社联社登记管理办法。抓紧研究修订农民专业合作社法。① 2014 年中央 1 号文件《关于全面深化农村改革加快推进农业现代化的若干意见》指出，鼓励发展专业合作、股份合作等多种形式的农民合作社，引导规范运行，着力加强能力建设。允许财政项目资金直接投向符合条件的合作社，允许财政补助形成的资产转交合作社持有和管护，有关部门要建立规范透明的管理制度。推进财政支持农民合作社创新试点，引导发展农民专业合作社联合社。② 2015 年中央1 号文件《关于加大改革创新力度加快农业现代化建设的若干意见》指出，引导农民专业合作社拓宽服务领域，促进规范发展，实行年度报告公示制度，深入推进示范社创建行动。推进农业产业化示范基地建设和龙头企业转型升级。引导农民以土地经营权入股合作社和龙头企业。逐步完善覆盖农村各类生产经营主体方面的法律法规，适时修改农民专业合作社法。③ 2016 年中央 1 号文件《关于落实发展新理念加快农业现代化实现全面小康目标的若干意见》指出，支持供销合作社创办领办农民合作社，引领农民参与农村产业融合发展、分享产业链收益。创新发展订单农业，支持农业产业化龙头企业建设稳定的原料生产基地、为农户提供贷款担保和资助订单农户参加农业保险。鼓励发展股份合作，引导农户自愿以土地经营权等入股龙头企业和农民合作社，采取"保底收益 + 按股分红"等方式，让农户分享加工销售环节收益，建立健全风险防范机制。加强农民合作社示范社建设，支持合作社发展农产品加工流通和直供直销。通过政府与社会资本合作、贴息、设立基金等方式，带动社会资本投向农村新产业新业态。实施农村产业融合发展试点示范工程。财政支农资金使用要与建立农民分享产业链利益机制相联系。巩固和完善"合同帮农"机制，为农民和涉农企业提供法律咨询、合同示范文本、纠纷

---

① http：//www. gov. cn/gongbao/content/2013/content_2332767. htm.

② http：//www. gov. cn/jrzg/2014 – 01/19/content_2570454. htm.

③ http：//www. gov. cn/zhengce/2015 – 02/01/content_2813034. htm.

调处等服务。① 2017 年中央 1 号文件《关于深入推进农业供给侧结构性改革加快培育农业农村发展新动能的若干意见》指出，对各级财政支持的各类小型项目，优先安排农村集体经济组织、农民合作组织等作为建设管护主体，强化农民参与和全程监督。② 2018 年中央 1 号文件《中共中央　国务院关于实施乡村振兴战略的意见》指出，维护村民委员会、农村集体经济组织、农村合作经济组织的特别法人地位和权利；实施新型农业经营主体培育工程，培育发展家庭农场、合作社、龙头企业、社会化服务组织和农业产业化联合体，发展多种形式适度规模经营；创新培训机制，支持农民专业合作社、专业技术协会、龙头企业等主体承担培训。③ 2019 年中央 1 号文件《中共中央　国务院关于坚持农业农村优先发展做好"三农"工作的若干意见》指出，支持发展适合家庭农场和农民合作社经营的农产品初加工，支持县域发展农产品精深加工，建成一批农产品专业村镇和加工强县；支持供销、邮政、农业服务公司、农民合作社等开展农技推广、土地托管、代耕代种、统防统治、烘干收储等农业生产性服务；突出抓好家庭农场和农民合作社两类新型农业经营主体，启动家庭农场培育计划，开展农民合作社规范提升行动，深入推进示范合作社建设，建立健全支持家庭农场、农民合作社发展的政策体系和管理制度。落实扶持小农户和现代农业发展有机衔接的政策，完善"农户 + 合作社""农户 + 公司"利益联结机制。④

第二节　我国新型农业合作化取得的成绩和存在的问题

改革开放以后，我国新型农业合作化组织发展迅速，取得了类型

---

① http：//www. gov. cn/zhengce/2016 – 01/27/content_5036698. htm.

② http：//www. gov. cn/zhengce/2017 – 02/05/content_5165626. htm.

③ http：//www. gov. cn/xinwen/2018 – 02/05/content_5263965. htm#1.

④ http：//www. gov. cn/zhengce/2019 – 02/19/content_5366917. htm.

多样化与多元化、有效降低交易费用和经营风险和增强农村组织化程度等成绩。同时也存在着法律身份不明确注册登记混乱、内在机制不健全、"空壳化"以及资金不足等问题。根据缴纳费用的方式以及是否为经济实体这两项依据分类，我国新型农业合作化组织可分为协会型和合作社型两种。

一、我国新型农业合作化取得的成绩

（一）新型农业合作化组织呈现出多样化

近年来，我国新型农业合作化组织发展迅速，多样化与多元化趋势明显：从产生方式看，可分为自发产生和相关组织牵头两种类型；从是否出资入股看，可以分为出资型和非出资型两种类型；按出资类型，可分为技术服务型、物资供应型、资金供应性、资金供应型、产品销售型和综合服务型四种类型（详见表 2.1）。

（二）降低了交易费用和经营风险

在市场经济条件下，交易费用与交易次数成正比。农户与农户之间、农户与厂商之间，以及农户和政府之间进行交易时，支付越来越高的交易费用。假设有 X 个农户，需要到 Y 个市场去购买生产资料或销售农产品一次，则交易总次数为 XY。随着 X、Y 的增大，参与交易的农户越多，交易的市场越复杂，新型农业合作化组织节约交易费用的成效就越明显。而且，通过新型农业合作化组织可将农户少量的剩余农产品和有限需求集中起来形成较大批量的交易，有利于农产争取有利的交易条件，在市场交易中处于主动地位。

表2.1　我国新型农业合作化组织的类型

划分标准	类型			内容
产生方式	自发产生			由一个或几个村干部、农村技术能手或专业大户发起，联合若干农户组成，形式多样，在任在合作经济组织发展初期大量存在
	相关组织牵头	牵头单位	政府牵头	政府在其所辖区域内吸收专业大户和农户参加，自上而下成立，理事中有一定比重的政府官员，这种模式的合作经济组织一般具有浓重的行政色彩
			农技部门牵头	农村各类推广和普及农业技术的部门或团体，根据农民生产经营的需要和自身发展的实际，利用自身存在技术、信息、经营场所、设备等方面的优势，牵头办小的合作经济组织
		社区组织牵头		依托于村或乡镇社区组织，以社区农民为后盾而建起来的，具有一定区域性，以本社区农民为成员主体
		龙头企业牵头		这种模式是由实力较强的农产品加工流通企业主动引导农户组建或者直接参与，形成"企业+合作经济组织+农户"的经营模式
是否出资入股	出资型			成员加入合作经济组织必须出资进入，合作经济组织业务费用由组织经营收益承担，剩余部分一般按出资额或按股分红
	非出资型			成员进入合作经济组织时不用出资，但要纳一定的会费作为组织正常运转的主要经费来源
业务类型	技术服务			以农业生产技术开发、引进、推广普及为主要业务内容
	物资供应			以农业生产资料供应为主要业务内容
	资金供应			以提供生产、经营性资金服务为主要业务内容
	产品销售			以产品加工、贮藏、营销为主要业务内容
	综合服务			同时从事技术、物资供应、产品销售、资金服务中任何两种以上业务内容

资料来源：赵凯. 中国农业经济合作组织发展研究 [M]. 北京：中国农业出版社，2004.

组织形式演进就是对风险的反应①。通过参与专业合作经济组织能够使农户获得心理安全和风险规避。由于人们对风险的偏好不同，那些愿意承担风险的人（如专业大户和领导者）通过给参与者一定程度的保证获得经营权和更多实际成果的占有，那些不愿意承担风险的农户也通过参加组织获得了利益。随着新型农业合作化组织规模的扩大，可购置较先进的交通、信息工具，甚至聘请专业人员从事市场信息的调查和预测工作，更容易从整体上把握市场信息的变化，便于用市场的超前性预测去消除农业生产周期所造成的农产品供给的滞后性，并根据价格信号协调买卖双方的交易，减少交易中的不确定性，避免交易损失。

（三）增强了农村的组织化程度

新制度经济学认为，有效地组织形式是社会经济发展中重要的经济资源。农户作为分散的经营者，不可能成为农业产业化经营的载体，以家庭为单位的生产经营方式导致我国农业生产的"无组织"化，成为农业增产和农民增收的"瓶颈"。新型农业合作化组织的组织功能作用十分明显：通过新型农业合作化组织，使分散的农户从生产、到加工、储藏直到流通、消费形成一个完整的产业链和利益共同体，农民既是农产品的生产者，又是加工、销售企业的成员。目前，我国有一部分新型农业合作化组织注册了的商标，统一了品牌，极大地提高了农产品的市场竞争力。此外，新型农业合作化组织成为连接农户与企业的最佳中介组织，填充了农民与企业之间的断层，成为连接农户与市场的强有力手段。

（四）巩固、完善了统分结合的双层经营体制

家庭联产承包责任制是我国当前和今后农村经营的主要方式，但

---

① ［美］奈特，王宇. 风险、不确定性和利润［M］. 王文玉译. 北京：中国人民大学出版社，2005.

集体统一经营层次的薄弱使其难以为农民提供有效的服务。新型农业合作化组织是在家庭联产承包责任制基础上的联合，在此基础上，合作经济组织可以专门围绕某一产品的产前、产后服务，也可以在组织与组织之间建立紧密的联系，满足了市场经济下农民多样化、复杂化的服务要求。同时，新型农业合作化既不改变农民个人财产的所有权，又不改变家庭承包经营方式，改变的只是生产要素的组合方式和由此带来的生产能力的增长，一个农民家庭作为一个完整的经营主体，有权同时加入或退出一个或多个新型农业合作化组织。新型农业合作化不仅没有改变家庭联产承包责任制，而且还在家庭经济联合的基础上，延伸和强化了家庭生产经营的过程和能力，并赋予其旺盛的生命力。

二、我国新型农业合作化组织存在的问题

（一）新型农业合作化组织法律身份不明确

目前我国新型农业合作化的法律建设尚不完善，现有法律规范的只是新型农业合作化组织的一部分，即农民专业合作社。农民专业合作社仅是农村合作经济组织的基本类型之一，专业协会尚无法律依据。

（二）新型农业合作化组织的注册登记混乱

在我国目前的新型农业合作化组织中，农民合作社数量少，专业（行业）协会数量多。在已经存在的各种形式的新型农业合作化组织的法律表现形态各不相同，有的在工商管理部门注册登记，有的在农业管理部门注册登记，有的在民政部门注册登记，有的在科协注册登

记，还有60%左右没有办理注册登记①。新型农业合作化组织在民政、科协、农业部门登记，不能开展生产经营活动；而在工商部门登记，则只能视为企业法人，难以享受优惠政策。因此，许多新型农业合作化组织选择了不进行登记注册。

（三）内在机制不够健全和完善

我国新型农业合作化组织在内在机制方面还存在很多问题：其一，组织规范化程度低。近几年，国家加强了对农民专业合作社监管，其组织规范化程度逐步提高，但各种类型的协会型合作组织的组织化程度偏低，其内涵极为"宽泛"：小至几个农民进行不定期的经验和技术交流，大到由成千上万的农民组成的从事技术交流、购销服务的组织，甚至由政府职能部门、各类企业加盟的社会化服务组织，都可以用"专业（技术）协会"这一称呼。其二，规章制度不健全。据有关部门统计，在我国现有的农民合作经济组织中，有近50%的组织未制定财务管理制度，58%的未制定财务审计制度，59%没有制定章程，82%没有民主议事制度②。其三，产权制度比较混乱。由能人或专业大户牵头组建的新型农业合作化组织中，公共积累部分与发起人或负责人的个人资产产权不清；依托各种原有经济组织建立起来的新型农业合作化组织，其财产与原有经济组织或单位的财产重叠，缺乏明确的界限。

（四）新型农业合作化组织呈现"空壳化"

目前相当数量的新型农业合作化组织运行活力不足，组织与成员之间利益联结十分松散，存活寿命不长。据统计，各地新型农业合作化组织平均寿命不足2.5年③。许多新型农业合作化组织没有兴办实

---

① 景富生．略论农民专业合作社法的经济法属性［J］．现代财经，2008（8）：78－82．
②③ 罗倩文．我国农民合作经济组织内部合作行为及激励机制研究［D］．西南大学博士论文，2009.6.

体，以低成本的技术、信息服务为主，提供加工、运销、储藏服务的很少，吸引力和凝聚力不强。组织与成（会）员的利益关系还不够紧密，基本上处于松散状态，对农民的带动作用不明显，组织处于随机性运作状态①。

（五）新型农业合作化组织资金不足

目前，我国新型农业合作化组织普遍存在着资金不足的状况，其原因有以下几个：一是新型农业合作化组织所从事的大都是与农业相关的弱质性产业，其风险大，经济效益不高，在我国农村合作金融组织发展水平偏低的状况下不大可能吸收很多的城乡富余资金；二是国家政策支持有限，金融机构也不能大量地向新型农业合作化组织提供贷款；三是在目前农民收入偏低的现状下，新型农业合作化组织成员的投入也非常有限；四是在新型农业合作化组织发展初期靠自身的积累有限。因为缺乏资金，不少正常的业务活动无法展开，也无力支持组织成员发展新产业和扩大经营规模，我国现有的新型农业合作化组织普遍表现为综合实力不强，自我发展后劲不足。

第三节 我国新型农业合作化的财政政策沿革

2003年以前，我国基本上没有专门针对新型农业合作化的财政政策，相关政策体现在各种涉农财政政策中。2003年以后，特别是《农民专业合作社法》颁布以后，新型农业合作化财政政策逐步增多，但相对分散，没有形成一个体系。

---

① 王敏. 农村合作经济组织发生及运行机理研究 [D]. 西北农林科技大学硕士论文，2009.5.

一、2003 年以前的政策

（一）财政支出政策

2003 年以前，我国并没有专门新型农业合作化的财政支出政策，新型农业合作化财政支出包含在各种财政支农支出中。我国财政支农支出有大、中、小三个口径。其中小口径的财政支农只计算支援农村生产支出和农林水利气象等部门的事业费，即通常所说的"两类资金"；在小口径的基础上加上农业基本建设支出、农业科技三项费用以及农村救济费，就构成了按中口径计算的财政支农；在中口径的基础上加上财政通过其他间接渠道对农业实施的种种支援与补助，如提高农副产品收购价格、采用财政补贴办法优惠供应农用生产资料和大型农业机械、减免农业税、对种粮农民进行补贴等，就构成了按大口径计算的财政支农。改革开放以来，我国财政支农规模不断扩大，我国财政支农政策大都以增产为主要目的。据估算，2003 年以前，全国财政用于农村的支出中，有 3/4 以上用于支持农业生产和农产品流通，仅 1/4 的用于支持农村教育、卫生和社会福利等事业（见表 2.2）。

表 2.2　　　　1978～2002 年农村财政支出数量及各项支出比重情况

年份	农业生产和事业费		基本建设支出及比重		科技三项费及比重		救济费及比重		其他
	数额（亿元）	比重（%）	数额（亿元）	比重（%）	数额（亿元）	比重（%）	数额（亿元）	比重（%）	
1978	76.95	51.08	51.14	33.94	1.06	0.7	6.88	4.57	14.63
1979	90.11	51.69	62.41	35.8	1.52	0.87	9.8	5.62	10.49
1980	82.12	54.76	48.59	32.4	1.31	0.87	7.26	4.84	10.67

年份	农业生产和事业费		基本建设支出及比重		科技三项费及比重		救济费及比重		其他
	数额（亿元）	比重（%）	数额（亿元）	比重（%）	数额（亿元）	比重（%）	数额（亿元）	比重（%）	
1981	73.68	66.85	24.15	21.91	1.18	1.07	9.08	8.24	2.12
1982	79.88	66.3	28.81	23.91	1.13	0.94	8.6	7.14	2.07
1983	86.66	65.22	34.25	25.78	1.81	1.36	9.38	7.06	0.77
1984	95.93	67.9	33.63	23.8	2.18	1.54	9.55	6.76	
1985	101.04	65.77	37.73	24.56	1.95	1.27	12.9	8.4	
1986	124.3	67.48	43.87	23.82	2.7	1.47	13.33	7.24	
1987	134.16	68.55	46.81	23.92	2.28	1.16	12.47	6.37	
1988	158.74	74.15	39.67	18.53	2.39	1.12	13.27	6.2	
1989	197.12	74.12	50.64	19.04	2.48	0.93	15.7	5.9	
1990	221.76	72.04	66.71	21.67	3.11	1.01	16.26	5.28	
1991	243.55	70.07	75.49	21.72	2.93	0.84	25.6	7.37	
1992	269.04	71.55	85	22.61	3	0.8	18.98	5.05	
1993	323.42	73.43	95	21.57	3	0.68	19.03	4.32	
1994	399.7	74.99	107	20.08	3	0.57	23.28	4.37	
1995	430.22	74.83	110	19.13	3	0.52	31.71	5.56	
1996	510.07	72.82	141.51	20.2	4.94	0.71	43.91	6.27	
1997	560.77	73.17	159.78	20.85	5.48	0.72	40.36	5.27	
1998	626.02	54.21	460.7	39.9	9.14	0.79	58.9	5.1	
1999	677.46	62.4	357	32.88	9.13	0.84	42.17	3.88	
2000	766.89	62.27	414.46	33.66	9.78	0.79	40.41	3.28	
2001	917.96	63.02	480.81	33.01	10.28	0.71	47.68	3.27	
2002	1102.7	69.76	423.8	26.81	9.88	0.63	44.38	2.81	

资料来源：根据历年《中国统计年鉴》整理计算得出。

从各级政府负担的财政支农支出结构看，我国大部分财政支农支出是由中央和地方财政共同负担，在一些支出内容上，地方财政负担了绝大部分的财政支农支出份额。从财政支农支出所涉及的部门来看，牵涉到了许多政府部门，以中央政府为例，相关部门的职责如表2.3所示。

表 2.3　　　　涉及财政支农支出的主要部委及司局的职责概述

部委	司局	主要职责
财政部	农业司	参与管理和分配财政扶贫资金和重要救灾防火资金；管理扶贫等政策性支出专项贷款贴息；农牧业税特大灾情减免
	农业综合开发办公室	组织实施并监督管理国家农业综合开发政策制度、规划和农业综合开发项目，管理和统筹安排中央财政农业综合开发资金
农业部		主管农业与农村经济发展
发改委	地区经济司	协调地区经济发展，编制"老、少、边、穷"地区经济开发计划和以工代赈计划
	农业经济司	农村经济发展重大问题、战略和农村经济体制改革建议；衔接平衡农业、林业、水利、气象等的发展规划和政策
科技部	农村与社会发展司	编制并组织实施农村与社会发展的科技政策与规划、科技攻关计划、农村及社会发展领域的重大科技产业示范
民政部	社会福利和社会事务司	拟定保障老年人、残疾人、孤儿和五保户等特殊困难群体社会福利救济的方针、政策、规章并指导实施
	救灾救济司	管理、分配中央救灾款物并监督检查实施情况；建立和实施城乡居民最低生活保障制度；指导各地社会救济工作
劳动和社会保障部	农村社会保障司	农村养老保险的基本政策和发展规划；社会化管理服务规划和政策并组织实施
建设部	城乡规划司	组织编制并监督实施村镇建设与体系规划的方针、政策和规章制度

部委	司局	主要职责
教育部	基础教育司	宏观指导基础教育工作和重点推动九年制义务教育、扫除青壮年文盲工作
卫生部	基层卫生与妇幼保健司	组织并监督实施农村卫生工作相关政策、法律、法规、规划和服务标准
交通部	县际及农村公路领导小组	县际及农村公路的规范与改造
水利部	农村水利司	组织实施农村水利的方针政策和发展规划；农田水利基础建设和社会化服务体系建设；乡镇供水和农村节约用水工作
	水土保持司	组织并监督实施全国水土保持规划、法律、法规及措施，协调水土流失综合治理

资料来源：相关政府网站资料搜集。

（二）税收政策

1. 1994 年之前的税收政策

1994 年之前新型农业合作化的税收政策主要体现在财政部等政府部门下发的一些通知中。

为了适当减轻合作商店和个体经济的所得税负担，在 1994 年企业所得税法未制定之前，采取以下照顾措施：第一，对合作商店，不分城镇和农村，都可以从 1980 年 10 月 1 日起，改按集体手工业 8 级超额累进税率计征所得税。省、自治区、市根据这个精神，结合本地区实际情况做出适当安排，部署执行。第二，对合作商店经营饮食、服务、修理行业，改按集体手工业 8 级超额累进税率计征所得税后仍有困难的，由省、自治区、市研究确定，可以给予适当减税照顾（财政部《关于改进合作商店和个体经济交纳所得税问题的通知》）。

1984 年 1 月 1 日起，对农村社队企业征收工商所得税，一律按照 8 级超额累进税率计征；取消原来对社队企业按照 20% 的比例税率和 3000 元的起征点征收所得税的规定。农村社队企业改按 8 级超额累进税率征收工商所得税以后，在计算应纳税所得额时，其费用列支范围，比照城镇集体企业有关规定执行。对同大工业企业争原料的社队企业和其他企业单位，一律不予减免工商所得税。其他需要减免税的企业，由省、自治区、直辖市人民政府按照下列规定办理：农村新办社队企业，在开办初期经营有困难的，可给予免征工商所得税一年的照顾；农村企业和基层供销社，按照 8 级超额累进税率纳税确有困难的，可给予定期减征工商所得税的照顾；对经营农产品初加工、小水电、小火电、开矿的企业，缴纳工商所得税确有困难，需要在税收上支持的，可给予定期减征的照顾；灾区社队从事自救性生产，可在一定期限内给予减征或免征工商所得税的照顾；革命老根据地、少数民族地区、边境地区的社队企业纳税确有困难的，可给予定期减征工商所得税的照顾（财政部《关于调整农村社队企业和基层供销社缴纳工商所得税税率的规定》）。

1991 年 10 月 28 日起，税务部门对经营有困难和新开办的服务实体，以及乡、村集体服务组织为解决经费开支、减轻农民负担而创办的企业，要在税收上给予优惠。技术推广机构销售的化肥、农药、农膜等，只用于接受技术服务的农户，零售价格执行统一规定的标准，并同基层供销社一样免征营业税（《国务院关于加强农业社会化服务体系建设的通知》）。1992 年 7 月 13 日，国家税务局下发通知，规定，在"八五"期间，对农村村办农民专业技术协会、专业合作社等服务组织开展的以统一供种、机耕、排灌、植保、推广种养技术、收割、田间运送等技术和劳务服务收入，免征收营业税和所得税（《国家税务局关于农业社会化服务体系若干税收政策的通知》）。

2. 1994 年以后的税收政策

1994 年以后新型农业合作化的税收政策主要由增值税、营业税、所得税和其他税种组成。

　　增值税方面：1994 年 1 月 1 日起实施的《中华人民共和国增值税暂行条例》第 16 条规定：农业生产者销售的自产农业产品免征增值税。1997 年财政部规定，农民专业合作社销售农产品，应当免征增值税。2001 年 4 月 20 日，财政部、国家税务总局下发的《关于农业生产资料免征增值税政策的通知》规定，生产销售农膜，除尿素以外的氮肥、除磷酸二铵以外的磷肥、钾肥以及以免税化肥为主要原料的复混肥，部分农药，批发和零售的种子、种苗、化肥、农药、农机等免征增值税；对生产销售的尿素统一征收增值税，但有两年的过渡期，2001 年对征收的税款全额退还，2002 年退还 50%，2003 年起停止退还政策。2001 年 7 月 12 日，财政部、国家税务总局下发的《关于饲料产品免征增值税问题的通知》规定了免税饲料产品范围包括单一大宗饲料、混合饲料、配合饲料、复合预混料和浓缩饲料。对农村合作经济组织销售的农产品，符合《中华人民共和国增值税暂行条例》第 2 条第 2 款规定范围的，按 13% 的税率计征增值税。

　　营业税方面：1994 年 1 月 1 日起实施的《中华人民共和国营业税暂行条例》规定，农业机耕、排灌、病虫害防治、植保、农牧保险以及相关技术培训业务，家禽、牧畜、水生动物的配种和疾病防治免征营业税。1994 年 3 月 29 日，财政部、国家税务总局《关于对若干项目免征营业税的通知》规定，将土地使用权转让给农业生产者用于农业生产免征营业税。1998 年 1 月 1 日，国家税务总局下发的《关于农业土地出租征税问题的批复》规定，将土地承包（出租）给个人或公司用于农业生产收取的固定承包金（租金）免征营业税。

　　所得税方面：1994 年 3 月 29 日，财政部、国家税务总局联合下发的《关于企业所得税若干优惠政策的通知》规定，对农民专业技术协会、专业合作社，对其提供的技术服务或劳务所取得的收入，以及城镇其他各类事业单位开展上述技术服务或劳务所取得的收入暂免征收所得税。1997 年 5 月 8 日，财政部、国家税务总局下发的《关于国有农口企事业单位征收企业所得税问题的通知》规定，对国有农口企事业单位从事种植业、养殖业和农林产品初加工业取得的所得暂免征收企业所得税。2001 年 11 月 11 日，国家税务总局下发的《国家税务总局关于明确农业产业化国家重点龙头企业所得税征免问题的通知》明确规定：对从事种植业、养殖业和农林产品初加工的农业产业化国家重点龙头企业暂免征收企业所得税。

其他税种：一是城镇土地使用税。《城镇土地使用税暂行条例》规定，直接用于农、林、牧、渔业的生产用地免税；在城镇土地使用税征收范围内经营采摘、观光农业的单位和个人，其直接用于采摘、观光的种植、养殖、饲养的土地，免征城镇土地使用税。二是房产税。1999 年 3 月 12 日，国家税务总局下发的《关于调整房产税和土地使用税具体征税范围解释规定的通知》规定，对农林牧渔业用地和农民居住用房屋及土地，不征收房产税和土地使用税。三是耕地占用税。《耕地占用税暂行条例》规定，建设直接为农业生产服务的生产设施占用前款规定的农用地的，不征收耕地占用税。四是契税。《契税暂行条例实施细则》规定，纳税人承受荒山、荒沟、荒丘、荒滩土地使用权，用于农、林、牧、渔业生产的，免征契税。五是车船税。《车船税暂行条例》规定，非机动车船（不包括非机动驳船）、拖拉机、捕捞养殖渔船免税。六是车辆购置税。财政部、国家税务总局 2004 年 9 月 7 日起下发的《关于农用三轮车免征车辆购置税的通知》规定，自 2004 年 10 月 1 日起对农用三轮车免征车辆购置税。农用三轮车是指：柴油发动机，功率不大于 7.4kW，载重量不大于 500kg，最高车速不大于 40km/h 的三个车轮的机动车。六是关税。1997 年 12 月 31 日，海关总署下发的《海关总署关于进口种子、种畜、鱼种和非营利性野生动植物种源免征进口环节增值税的通知》规定，进口用于在农业、林业、牧业、渔业生产的科学研究的种子、种畜、鱼苗，可以暂免征收进口环节的增值税；改良种用的马、驴、牛、猪、羊、家畜、鱼苗、大麦、燕麦、高粱等农产品，最惠国最低税率为零。

二、目前的政策

(一) 新型农业合作化财政支出政策

2003 年，财政部开展了扶持新型农业合作化发展的试点工作，当年中央财政提供 2000 万元资金在全国扶持了 100 个新型农业合作化的发展，开展农民专业合作组织示范建设。2004 年中共中央、国务院印发的《关于促进农民增加收入若干政策的意见》规定，从 2004 年起，中央和地方要安排专门资金，支持新型农业合作化开展信息、技术、培训、质量标准与认证、市场营销等服务。有关金融机构支持新型农业合作化建设标准化生产基地、兴办仓储设施和加工企业、购置农产品运销设备，财政可适当给予贴息。

2004 年 7 月 16 日财政部下发的《中央财政农民专业合作组织发展资金管理暂行办法》规定，中央财政农民专业合作组织发展资金支持的农民专业合作组织应符合下列条件：依据有关规定注册，具有符合"民办、民管、民享"原则的农民合作组织章程；有比较规范的财务管理制度，符合民主管理决策等规范要求；有比较健全的服务网络，能有效地为合作组织成员提供农业专业服务；合作组织成员原则上不少于 100 户，同时具有一定的产业基础。中央财政农民专业合作组织发展资金重点支持的范围：引进新品种和推广新技术；雇请专家、技术人员提供管理和技术服务；对合作组织成员开展专业技术、管理培训和提供信息服务；组织标准化生产；农产品粗加工、整理、储存和保鲜；获得认证、品牌培育、营销和行业维权等服务；改善服务手段和提高管理水平的其他服务。

2006 年中央 1 号文件《中共中央　国务院关于推进社会主义新农村建设的若干意见》规定，积极引导和支持农民发展各类专业合作经济组织，加大扶持力度，建立有利于农民合作经济组织发展的财政制度。2007 年中央 1 号文件《中共中央　国务院关于积极发展现代农业扎实推进社会主义新农村建设的若干意见》规定，增大农民专业合作社建设示范项目资金规模。2008 年中央 1 号文件《中共中央　国务院关于切实加强农业基础建设进一步促进农业发展农民增收的若干意见》规定，尽快制定税收优惠办法，清理取消不合理收费。各级财政要继续加大对农民专业合作社的扶持，农民专业合作社可以申请承担国家的有关涉农项目。2009 年中央 1 号文件《中共中央　国务院关于 2009 年促进农业稳定发展与农民持续增收的若干意见》规定，加强合作社人员培训，各级财政给予经费支持。2010 年中央 1 号文件《中共中央　国务院关于加大统筹城乡发展力度进一步夯实农业农村发展基础的若干意见》规定，按照存量不动、增量倾斜的原则，新增农业补贴适当向农民专业合作社倾斜。推广农民用水户参与管理模式，加大财政对农民用水合作组织的扶持力度。各级政府扶持的贷款担保公司要把农民专业合作社纳入服务范围，支持有条件的合作社兴办农村资金互助社。扶持农民专业合作社自办农产品加工企业。积极发展农业农村各种社会化服务组织，为农民提供便捷高效、质优价廉的各种专业服务。支持龙头企业提高辐射带动能力，增加农业产业化专项资金，扶持建设标准化生产基地，建立农业产业化示范区。推进"一村一品"强村富民工程和专业示范村镇建设。

2012 年中央 1 号文件《中共中央　国务院印发〈关于加快推进农业科技创新持续增强农产品供给保障能力的若干意见〉》规定，按照增加总量、扩大范围、完善机制的要求，继续加大农业补贴强度，新增补贴向主产区、种养大户、农民专业合作社倾斜。2013 年中央 1 号文件《中共中央　国务院关于加快发展现代农业进一步增强农村发展活力的若干意见》规定，农民合作社是带动农户进入市场的基本主体，是发展农村集体经济的新型实体，是创新农村社会管理的有效载体。按照积极发展、逐步规范、强化扶持、提升素质的要求，加大力度、加快步伐发展农民合作社，切实提高引领带动能力和市场竞争能力。鼓励农民兴办专业合作和股份合作等多元化、多类型合作社。实行部门联合评定示范社机制，分级建立示范社名录，把示范社作为政策扶持重点。安排部分财政投资项目直接投向符合条件的合作社，引导国家补助项目形成的资产移交合作社管护，指导合作社建立健全项目资产管护机制。增加农民合作社发展资金，支持合作社改善生产经营条件、增强发展能力。逐步扩大农村土地整理、农业综合开发、农田水利建设、农技推广等涉农项目由合作社承担的规模。对示范社建设鲜活农产品仓储物流设施、兴办农产品加工业给予补助。在信用评定基础上对示范社开展联合授信，有条件的地方予以贷款贴息，规范合作社开展信用合作。2014 年中央 1 号文件《中共中央 国务院关于全面深化农村改革加快推进农业现代化的若干意见》规定，鼓励发展专业合作、股份合作等多种形式的农民合作社，引导规范运行，着力加强能力建设。允许财政项目资金直接投向符合条件的合作社，允许财政补助形成的资产转交合作社持有和管护，有关部门要建立规范透明的管理制度。推进财政支持农民合作社创新试点，引导发展农民专业合作社联合社。按照自愿原则开展家庭农场登记。鼓励发展混合所有制农业产业化龙头企业，推动集群发展，密切与农户、农民合作社的利益联结关系。在国家年度建设用地指标中单列一定比例专门用于新型农业经营主体建设配套辅助设施。鼓励地方政府和民间出资设立融资性担保公司，为新型农业经营主体提供贷款担保服务。加大对新型职业农民和新型农业经营主体领办人的教育培训力度。2016 年中央 1 号文件《中共中央　国务院关于落实发展新理念加快农业现代化实现全面小康目标的若干意见》规定，坚持以农户家庭经营为基础，支持新型农业经营主体和新型农业服务主体成为建设现代农业的骨干力量，充分发挥多种形式适度规模经营在农业机械和科技成果应用、绿色发展、市场开拓等方面的引领功能。完善财税、信贷保险、用地用电、项目支持等政策，加快形成培育新型农业经营主体的政策体系，进一步发挥财政资金引导作用，撬动规模化经营主体增加生产性投入。

2018 年 7 月 1 日起实施的修订后的《中华人民共和国农民专业合作社法》第 65 条规定，中央和地方财政应当分别安排资金，支持农民专业合作社开展信息、培训、农产品质量标准与认证、农业生产基础设施建设、市场营销和技术推广等服务。对民族地区、边远地区和贫困地区的农民专业合作社和生产国家与社会急需的重要农产品的农民专业合作社给予优先扶持。从财政支出政策的方式来看，政府可以通过专项资金直接扶持新型农业合作化的生产经营等活动。同时也制定了一些制约措施，《农民专业合作社法》第 53 条规定，农民专业合作社接受国家财政直接补助形成的财产，在解散、破产清算时，不得作为可分配剩余资产分配给成员，处置办法由国务院规定。

（二）税收政策

除了税法中规定的上述涉农税收优惠措施新型农业合作化可享受外，近几年专门针对新型农业合作化的税收优惠总结如下：

2005 年中央 1 号文件《中共中央　国务院关于进一步加强农村工作提高农业综合生产能力若干政策的意见》规定，对专业合作组织及其所办加工、流通实体适当减免有关税费。

2007 年中央 1 号文件《中共中央　国务院关于积极发展现代农业扎实推进社会主义新农村建设的若干意见》规定，引导涉农企业开展技术创新活动，企业与科研单位进行农业技术合作、向基地农户推广农业新品种新技术所发生的有关费用，享受企业所得税的相关优惠政策。对于涉农企业符合国家产业政策和有关规定引进的加工生产设备，允许免征进口关税和进口环节增值税。要采取有利于农民专业合作经济组织发展的税收和金融政策，增大农民专业合作社建设示范项目资金规模，着力支持农业合作组织开展市场营销、信息服务、技术培训、农产品加工储藏和农资采购经营。

2018 年 7 月 1 日起实施的修订后的《中华人民共和国农民专业

合作社法》第 67 条规定，农民专业合作社享受国家规定的对农业生产、加工、流通、服务和其他涉农经济活动相应的税收优惠。

财政部和国家税务总局下发的《关于农民专业合作社有关税收政策的通知》规定，2008 年 7 月 1 日起，第一，对农民专业合作社销售本社成员生产的农业产品，视同农业生产者销售自产农业产品免征增值税。所谓农业，是指种植业、养殖业、林业、牧业和水产业；农业产品指初级农业产品。第二，增值税一般纳税人从农民专业合作社购进的免税农业产品，可按 13% 的扣除率（2019 年 4 月 1 日起调整为 9%、10% 两档）计算抵扣增值税进项税额。第三，对农民专业合作社向本社成员销售的农膜、种子、种苗、化肥、农药、农机，免征增值税。第四，对农民专业合作社与本社成员签订的农业产品和农业生产资料购销合同，免征印花税。

2009 年中央 1 号文件《中共中央　国务院关于 2009 年促进农业稳定发展农民持续增收的若干意见》规定，将合作社纳入税务登记系统，免收税务登记工本费。农民专业合作社参照企业所得税法关于一般企业的规定，享受企业所得税的减免政策。

根据 2010 年 7 月 9 日国家税务总局 2 号公告《国家税务总局关于"公司＋农户"经营模式企业所得税优惠问题的公告》规定：采取"公司＋农户"经营模式从事牲畜、家禽的饲养，即公司与农户签订委托养殖合同，向农户提供畜禽苗、饲料、兽药及疫苗等（所有权〈产权〉仍属于公司），农户将畜禽养大成为成品后交付公司回收。鉴于采取"公司＋农户"经营模式的企业，虽不直接从事畜禽的养殖，但系委托农户饲养，并承担诸如市场、管理、采购、销售等经营职责及绝大部分经营管理风险，公司和农户是劳务外包关系。为此，对此类以"公司＋农户"经营模式从事农、林、牧、渔业项目生产的新型农业合作化，可以按照《中华人民共和国企业所得税法实施条例》第 86 条的有关规定，享受减免企业所得税优惠政策。

2013 年中央 1 号文件《中共中央　国务院关于加快发展现代农业进一步增强农村发展活力的若干意见》规定，完善合作社税收优惠政策，把合作社纳入国民经济统计并作为单独纳税主体列入税务登记，做好合作社发票领用等工作。2014 年中央 1 号文件《中共中央　国务院关于全面深化农村改革　加快推进农业现代化的若干意见》规定，加大对新型职业农民和新型农业经营主体领办人的教育培训力度。落实和完善相关税收优惠政策，支持农民合作社发展农产品加工流通。2017 年中央 1 号文件《中共中央　国务院关于积极发展现代农业扎实推进社会主义新农村建设的若干意见》规定，要采取有利于农民专业合作组织发展的税收和金融政策，增大农民专业合作社建设示范项目资金规模，着力支持农民专业合作组织开展市场营销、信息服务、技术培训、农产品加工储藏和农资采购经营。

（三）非营利组织财政政策

1. 财政支出政策

目前我国对于非营利组织设立登记制度主要是 1998 年 10 月 25 日颁布并实施的《民办非企业单位登记管理暂行条例》《社会团体登记管理条例》以及管理机关的规章制度中体现出来。我国非营利社会组织呈现出不断增多之势，这些组织在注册时，要么选择挂靠某个政府部门，成为半官方组织，要么注册成为普通的营利性公司，还有一些干脆选择不进行注册。因而，我国并没有专门针对非营利组织的财政支出政策，对非营利组织的财力支持主要是通过财政预算中的抚恤和社会福利救济费项目，以财政拨款、项目经费的形式安排民政事业费支出，支持的对象主要是国内非营利企事业单位、社会团体（含基金会）、民办非企业单位。民政事业费支出占财政收入的比重可以反映出政府在支持非营利组织发展方面的财力倾斜程度。

2. 税收政策

（1）增值税。《中华人民共和国增值税暂行条例》及其《实施细则》规定，我国的非营利组织如果从事增值税的应税活动，必须要依法缴纳增值税。下列项目免征增值税：直接用于科学研究、科学试验和教学的进口仪器、设备；校办企业生产的应税货物，用于本校教学科研方面的；非营利性医疗机构自产自用的制剂。非营利性医疗机构按国家规定取得的医疗卫生服务收入免税；社会团体收取的会费；非营利性科研机构从事技术开发、技术转让业务和与之相关的技术咨询、技术服务所得的收入。（2）企业所得税。2008 年 1 月 1 日起开始实施的《企业所得税法》增加了对非营利组织的优惠，符合条件的非营利组织的收入为免税收入。《企业所得税法实施条例》进一步规定：符合条件的非营利组织的收入，不包括非营利组织从事营利性活动取得的收入，但国务院财政、税务主管部门另有规定的除外。（3）对向非营利组织捐赠的企业和个人的税收优惠规定。第一，企业所得税。企业发生的公益性捐赠支出，不超过年度利润总额 12% 的部分，准予扣除。第二，个人所得税。个人向教育、社会公益事业、遭受严重自然灾害地区、贫困地区和青少年活动场所等捐赠的，可以在当年的应纳税所得额中按不同比例得到扣除，扣除限额一般为应纳税所得额的 30%。第三，土地增值税。房产所有人、土地使用权人将房屋产权、土地使用权赠予非营利组织可以享受免税待遇。需要注意的是，企业和个人只有向政府指定的某些非营利组织捐赠才被视为有效，有资格接受税收减免，除此以外的捐赠都不具有法定效力。

3. 非营利组织税收管理

2009 年 11 月 11 日，财政部和国家税务总局联合下发了《关于非营利组织企业所得税免税收入问题的通知》和《关于非营利组织免税资格认定管理有关问题的通知》，分别就非营利机构的认定条件和免税范围进行了明确，其主要内容可归纳为以下几个方面：

（1）界定了免税资格的认定标准。能够享受免税资格的非营利组织必须同时满足 9 个条件：一是组织范围限定性，必须是依照有关法律法规设立登记或经认定的组织；二是活动范围特定性，必须主要从事公益性或者非营利性活动，且活动范围主要在中国境内；三是支出范围合理性，除合理的支出外，取得的收入全部用于规定的公益性或者非营利性事业；四是开支范围特定性，财产及其孳息不用于分配；五是财产用途公益性，组织注销后的剩余财产用于公益性或者非营利性目的；六是投入人对财产权利不可享有性；七是人员工资限定性；八是年检必须合格；九是财务核算要严格区分。

（2）免税资格须经过审批。申请享受免税资格的非营利组织需报送 8 种材料，即：申请报告；组织章程或管理制度；税务登记证复印件；非营利组织登记证复印件；申请前的资金来源及使用情况、公益活动和非营利活动的明细；中介机构鉴证的申请前会计年度的财务报表和审计报告；登记管理机关出具的申请前年度的年度检查结论；其他相关材料。在不同级别的政府登记管理机关批准或登记的非营利组织应分别向同级主管税务机关提出免税资格申请（复审申请）。按照规定，获得免税资格非营利组织的免税期为 5 年，期满前 3 个月应主动提出复审申请，不申请或复审不合格的，其免税资格到期自动失效。

（3）明确了免税收入的范围。符合条件的非营利组织收入共有五类，即接受捐赠的收入；除规定财政拨款以外的政府补助收入；不征税收入和免税收入滋生的银行存款利息收入；按照省级以上民政、财政部门规定收取的会费；财政部、国家税务总局规定的其他收入。

（4）按期进行纳税申报。非营利组织必须按照有关规定办理税务登记，必须按期进行纳税申报并如实纳税。如果非营利组织取得免税资格要办理免税手续，免税条件发生变化的应 15 日内向主管税务机关报告，具有免税资格的非营利组织注销时，剩余财产处置必须符合相关规定，否则税务机关应追缴其应纳税款。享受减、免税优惠的非营利组织要经过相关税务机关的批准，未经批准或减免税发生变化的要如实纳税。

（5）明确了取消免税资格的情形。获得免税资格认定的非营利组织有下述情况之一者将取消资格：一是在免税资格申请认定过程中提供虚假信息的；二是逾期未参加年检或年度检查结论为"不合格"的；三是通过交易和服务活动，转移、隐匿、分配该组织财产的；四是有逃避缴纳税款或帮助他人逃避缴纳税款行为的；五是因违反《税收征收管理法》及其《实施细则》而受到处罚的；六是受到登记管理机关处罚的。而且，因逾期未参加年检或年度检查结论为"不合格"的被取消免税资格的非营利组织，税务部门在1年内不再受理该组织的认定申请；因其他情形被取消免税资格的非营利组织，税务部门在5年内不再受理该组织的认定申请。

三、我国新型农业合作化财政政策存在的问题

（一）财政政策的制定缺乏完善的法律依据

一般来说，合作社型新型农业合作化组织应属于企业法人，但当前我国农民专业合作社明显带有互助和非营利性的特征，与一般的企业法人有本质区别。此外，合作社型新型农业合作化组织仅是新型农业合作化组织的一种类型，对于协会型新型农业合作化组织的法人法律身份没有给出明确的规定，非营利组织的地位更是难以得到确认，其生产经营活动不仅很难得到法律的保护，也难以享受相应的财政政策。

（二）财政政策分散，缺乏制度性和连贯性

虽然财政政策对新型农业合作化的支持是多方位的，但还没有制定出系统的、完整的政策体系，扶持政策分散、不完善、不连贯，没有形成制度性的、量化的扶持标准。近几年连续几个中央1号文件都提到了农业合作化的重要性，并规定应采取包括财政政策在内的相应

政策促进新型农业合作化的发展，但都是一些原则性的规定，缺乏细化的规定，实践中往往很难落实。例如，中央和地方各级财政都要支持新型农业合作化，但是，每年财政资金的总量多大，各级政府如何分担，有何制约和激励政策，有何责任和权利等都没有明确。实践中，由于我国省级以下分税制财政体制仍不完善，各地财权和事权的划分存在着很大的差别，由此造成了政策的随机性强，在一些地方甚至出现了有些年份新型农业合作化财政支出数额的大幅度下降。其重要原因在于法律地位不明确带来新型农业合作化组织与一般企业、非营利组织之间，协会型和合作社型两类合作经济组织之间界限不清，造成了财政政策的适用性很难把握。

（三）财政直接支持力度不够

财政支出政策对于新型农业合作化的发展特别是初期发展具有特别重要的意义，财政支农资金通过新型农业合作化组织投放，既能提高财政资金的使用效率，又能符合某些国际组织的规定，避免因支持过度带来的争议。近年来，我国财政支农资金的增速明显，但用于新型农业合作化的资金所占比重远远低于发达国家。例如，山东省作为新型农业合作化最为发达的省份之一，2009 年省级财政对新型农业合作化的投入还不到 7000 万元，而全年省级财政支出 467.4 亿元，其中用于"三农"的投入 189.12 亿元。① 可见，对新型农业合作化的财政投入在整个财政支出甚至财政支农支出中所占的比重微乎其微。

（四）财政支出结构和方式不完善

财政支出结构是指财政支出总额中各类支出的组合以及各类支出在支出总额中所占的比重。目前，我国对于新型农业合作化的财政资

---

① 全省农民专业合作社建设和发展情况 . http：//www. ssd. sdu. edu. cn/info/1010/1075. htm.

金一方面属于"撒芝麻盐"式的，对于达到要求的新型农业合作化组织经申请即可获得相应的财政资金；另一方面，财政支持的重点是新技术推广、技术服务、节水等，对于有利于新型农业合作化组织长期健康发展的管理培训、公共服务平台建设等相对匮乏。此外，从财政支出方式上看，以直接补助和财政贴息为主，财政担保、以奖代补等相对较少，而且多种财政支出方式之间缺乏"配合"，没有起到整合作用。

（五）税收政策缺乏针对性，优惠范围不大

目前虽有很多税收优惠，但原则性的多，优惠范围和幅度不大。总体上，我国新型农业合作化的税收政策没有形成一个完整的体系，现有政策散见于一些法规、通知中，缺乏系统性。从两种类型的新型农业合作化来看，税收政策主要集中于合作社型，而且力度偏小；针对协会型新型农业合作化组织的税收政策几乎空白，虽然近几年国家加强了非营利组织税收政策的立法进程，但在目前协会型新型农业合作化组织的非营利组织性质都难以确认的状况下，这些政策往往流于形式。

（六）财政资金的监督机制不健全

针对新型农业合作化组织财政资金的使用监督机制落后，虽然《预算法》《预算法实施条例》已经颁布实施，但执行情况不太理想，依法理财、依法进行支出预算管理的氛围还没有完全形成。资金使用效果差，影响了财政监督应有的权威性和有效性，从而影响到财政资金发挥应有的效益。目前，相关部门下发的合作经济组织财政资金一般是依据单位报告、领导批示等确定，缺乏必要的论证。同时，由于审批制度化、公开化、科学化不够，资金供给范围模糊，各项支出没有一套规范的执行标准。没有建立起行之有效的针对新型农业合作化财政资金的事中和事后监督机制，相关部门只管资金，事前调查、事

中监督、事后检查都不到位，致使挤占、挪用现象普遍，虚报、冒领等问题以及违规现象在各部门、各领域都有发生，很大程度上影响了财政资金使用的安全、有效、规范，财政资金不能在农业生产中真正发挥"导向"作用。

第三章 财政政策促进新型农业合作化发展的经济学动因和理论依据

市场经济下，新型农业合作化的产生和发展有其深刻的原因。从经济学的角度来看，新型农业合作化能够有效地降低农民交易的费用，降低农业生产的自然风险和市场风险，通过明晰产权促进农业的发展。新型农业合作化的发展离不开政府的支持，包括财政政策在内的各种政策能够为新型农业合作化的发展和完善提供有力的支持，公共品、外部性、基础产业和产业组织等理论为财政政策介入的重要依据。

第一节 新型农业合作化产生的经济学动因

新型农业合作化组织的产生属于制度变迁。一种经济组织形式之所以能够产生，是因为它具有相对经济优势。在市场经济下，新型农业合作化的产生和发展具有其深刻的原因。

一、降低交易费用

交易是人们为了获得经济利益而发生的权利交换关系。交易费用又称交易成本，是现代产权经济学基本的、核心的范畴，是现代产权理论的基础。

（一）交易费用的界定

制度经济学的代表人物康芒斯第一次将交易概念引入经济学，康芒斯（Commons，1934）认为，生产活动和交易活动共同构成了人类的全部经济活动，"交易"是经济分析中最核心的概念之一。交易费用概念最早由美国经济学家罗纳德·科斯在 1937 年提出的，他一方面指出交易费用是与发现交易对象、发现相对价格、讨价还价、订立契约和执行契约有关的费用；另一方面将交易费用看作是运用市场机制的费用。斯蒂格利茨（Stiglitz，1994）认为，在信息不完全的情况下，与经济活动当事人之间的权利交换（交易）相关的许多活动都可以纳入交易费用。这些费用包括收集信息、讨价还价、签订契约、监督契约、强制执行契约和保护产权防止第三者侵犯等的费用。威廉姆森（Williamson，1979）认为，交易费用分成两部分：一种是事前费用，即为起草、谈判和签订协议所花费的费用；另一种是事后费用，即签订协议后，发现协议存在的问题，为解决存在的问题、从改变条款到退出协议所花费的费用。阿罗将交易费用高度概括为"经济制度的运行费用"。马修斯（Matthews，1986）认为，交易费用是履行一个合同的费用，包括事前准备合同和事后监督及强制合同执行的费用。张五常（2000）认为，交易费用包括寻价费用、识别产品部件的信息费用、考核费用和贡献测度费用等交易本身必然发生的费用。黄少安（1995）认为，交易费用可分为制度本身即交易的制度框架形成的成本和制度框架内人们从事具体交易活动的成本。基于以上，本书将交易费用定义为权利交换过程或制度运行中的各种成本。

（二）交易费用产生的原因

交易费用的创立者科斯并没有专门分析交易费用产生的原因，但认为资源稀缺性是交易产生的根本原因。威廉姆森在科斯的基础上深化了对交易费用的研究，他分析了市场交易费用的决定因素，将其分成两组：第一组为"交易因素"，尤其指市场的不确定性和潜在交易对手的数量，以及交易物品的技术特征（包括资产专用性程度、交易频率等）；第二组为"人的因素"，这组因素实际上涉及交易主体的人格假设，在威廉姆斯看来，交易成本内生于人的有限理性、机会主义和资产专用性①。市场的不确定性属于交易环境因素，交易者为了避免损失，总是尽量把交易的契约写得详细，尽可能多地了解有关信息，这样必然增加谈判和签约的成本，也增加履约的成本。有限理性属于人的因素，当不具有完全的收集和处理有关交易信息能力的交易者面对不确定的市场时，为了获得信息，都要付出较高的成本。交易成本还源于机会主义，从本质上讲机会主义是由于各种信息不对称引起的，这一切都需要交易者花费相应的费用。资产专用性是指某些资产只有某种特定的用途，如改变这些资产的用途，就要受到重大的经济损失。

（三）新型农业合作化能够降低交易费用

作为市场的替代物，企业是一种不同于市场交易的交易方式，可以在一定限度内降低交易费用。企业的规模取决于交易费用，企业规模的临界点或边界是企业内部组织交易的费用与市场或别的企业组织同样交易所需费用相等的那一点。在科斯看来，交易费用是决定企业规模变动的唯一决定性因素。当外部市场的交易费用太高时，会出现一种组织将其内化为内部管理费用。

农民交易过程中产生的费用主要有三个方面：一是农户到市场上买卖产品或物资时界定和保障农产品产权的费用、确定交易对象和交易价格的费用、订立和执行交易合同的费用、监督违约行为并对其进

① Williamson, O. Transaction Cost Economics: The Governance of Contractual Relations, Journal of Law and Economics, 1979 (2).

行制裁的费用以及维护交易秩序的费用；二是当厂商向农户出售种子、化肥、农药、农机具和技术服务时，需要搜寻市场、寻找客户、谈判以及开展售后服务等，这些构成了厂商的交易费用；三是农户在与政府发生交易行为时支付的费用，如农民要求政府保障其经济利益和合法权益时，所支出的时间、精力和交通费用等。

改革开放以来，一家一户的小农经济交易成本过高，农户和厂商获取信息的成本很大。一般来说，分散经营模式下的农户获取信息不仅是有成本的，而且是递增的，其原因在于：首先，农民获取市场信息的费用高。由于农民散居于广大的农村，加之农村信息体系建设相对滞后，面对激烈竞争的市场信息，农民获取市场信息的难度很大。其次，农业本身特性所决定的。农产品的生产很大程度上依赖于自然环境且生产周期长，一旦遭受自然灾害，农产品有效供给将会受到损害，从而增加了农民履行农产品供给合约的风险性。再次，随着市场经济的完善和信用经济的建立，农民在交易过程中需要遵循市场规则，遵守相关法律法规。我国农民总体上缺乏组织性，文化素质不高，法律意识和专业知识匮乏，进行交易时往往需要支付较高的成本。最后，单个农户在与政府发生交易行为时支付的费用高。通常情况下，政府在选择和制定政策时，很有可能向强势利益主体明显倾斜。我国农民群体虽规模庞大，但没有形成具有凝聚力的整体，在政策制定过程中，农民要想独立自主地与社会其他利益主体进行平等的讨价还价，其难度和成本是很大的。

降低交易费用是新型农业合作化产生的重要原因，新型农业合作化的主要功能是通过交易的联合，降低交易费用，提高农民讨价还价的能力，有效维护广大农民的利益。随着新型农业合作化组织的建立和规模的扩大，首先，新型农业合作化组织的集体行动可以降低广大农户单独交易的成本；其次，新型农业合作化组织可购置较先进的交通、信息工具，或者成立专门的机构、聘请专业人员从事市场信息的收集，更加准确地做出预测，并据此及时做出调整计划，减少交易中的不确定性，避免交易损失；再次，联合起来的农户增强了应对自然风险的能力，通过准确的信息共享、购买专业设备、采取防御措施等，提高了广大农户抵御自然灾害的能力，最大限度减少了因灾害带来的损失；最后，新型农业合作化组织代表广大农户的利益，其影响力和话语权增强，能够增加政策制定过程中对政府的影响力，从而有效地降低交易费用，维护农民的利益。

二、降低风险

按照非均衡理论，国民经济的发展是不平衡的，出现越早的产业，比较利益就越低，而产生较晚的产业，其比较利益就越高。农业作为一个母亲产业，是人类最早的产业之一，这就造成了其比较利益的低下。农业是自然风险与市场风险相互交织的弱质、低效产业。农业对自然条件有着很强的依赖性，而自然条件又是经常变化的，由此造成了农业具有很强的自然风险，总是处于频繁的波动之中。不仅如此，在市场经济下的农业还具有市场风险。

（一）农业风险的主要表现

1. 自然风险

农业的生产对象是有生命的动植物，除有自身的生长发育规律外，还受气候等自然条件的影响特别大，极易受自然灾害干扰。旱灾、涝灾、洪灾、风灾、雹灾、火灾、病虫害、鼠害等自然灾害，都会给农业造成一定的损害，其后果轻则减产减收，重则绝产绝收。农业对环境和自然力的依赖相当强，使农业生产具有明显的不稳定性和脆弱性。

2. 市场风险

农产品所具有的生产周期长、季节性强、产品储存期短、需求弹性小等特点使其生产和经营有着较大的市场风险。农业市场风险的主要表现在以下几个方面：第一，市场价格不确定性风险；第二，市场需求多样多变性风险；第三，市场预测偏差性风险；第四，农业宏观政策变动风险。

农业市场风险具有长期性和连锁性的特点，伴随着市场经济的存在而长期存在。在不同的时期，农产品种类不同，市场风险影响的程度也不同。农业的自然风险一直伴随着农业生产，从某种角度来说，农业市场风险并不亚于自然灾害的风险。自然灾害一般发生在特定区域、特定时间内，其影响往往是局部的，而市场风险一旦发生便是全局性的，影响的是整个农业市场。市场风险的发生会导致农产品卖难等问题从而影响农民收入，降低农民生产积极性，进而导致农民不愿投入新的生产要素和生产资料进行再生产，更不愿扩大生产，甚至将土地闲置起来，由此引起一系列的负面连锁反应。

（二）新型农业合作化能够有效地降低农业风险

新型农业合作化组织可以把单个农户分散的资金、设备联合起来，通过兴建农业基础设施、改善农业生产条件和购进大型机器设备等来增加抵御自然灾害的能力。此外，在坚持生产经营主体多元性和独立性的前提下，新型农业合作化组织可以将分散的农户联合起来有序的进入市场，不但增加了市场竞争力、降低了交易成本，而且可以有效及时的获得市场信息，分析国家政策变化，做出准确的市场判断和预测，形成小生产与大市场的有效对接，从而提高农业生产的集约化和市场化程度，增强农户抵御市场风险的能力，降低市场风险对农业造成的负面影响。

三、明晰产权

产权是以财产所有权为基础，由所有制决定的，反映不同利益主体对某一财产的占有、使用、收益和处分的法定权益。交易费用理论证明，产权最基础的作用是降低交易费用。但是，产权是如何降低交易费用的，这就涉及对于产权基础功能的分析。

（一）产权的基础功能

1. 产权具有使市场主体外部性内部化的功能

外部性是指一个经济主体的活动给了别的主体收益或者损失，外部性可分为正外部性和负外部性。正外部性虽有利于社会福利的增加，但这种福利往往是不稳定的，因为正外部性的制造者，总会发现自己为他人创造收益时自己没有获得相应补偿，因此会修正自己的行为。在存在负外部性时，侵害主体的私人成本低于社会成本，由于损害者对外在的成本不承担责任，就会不顾及外在成本的增加而从事经济活动，从而造成社会资源的巨大浪费。通过扩大产权，可以使经济活动的外部性内部消化，这是产权最基本的功能。

2. 产权具有激励和约束功能

产权制度的激励功能是指由于产权的确立而使产权主体积极努力行为的功能。产权的确立意味着产权主体利益和责任界限明确了，产权主体可以使用产权来谋求自身利益的扩大。这种激励不同于一般的经济利益刺激，它对产权主体的激励程度大大高于一般收入分配所产生的经济刺激，而且，由于产权的持久性会使产权主体更多地追求长远利益。产权制度的约束功能是指产权确立之后，对产权主体行为所产生的约束力。产权的确立既然明确了主体的权利和责任界区，产生了激励功能，由此也必然产生约束功能。这种约束表现为：一是投资者对法人的条件约束，如通过股东大会约束法人的行为；二是法人以财产权利来约束自己的冒险行为，因为法人所支配的财产既是它进行生产和经营的基础，同时也是其承担风险的能力界限。所以，产权的确立能对企业形成强有力的约束。在现代市场经济中，财产的实际占有关系具有复杂性和多样性，产权制度使市场主体的权利和义务关系的明晰化，可使市场主体在行使产权时具有一个稳定的预期，市场主体将全面权衡成本与收益的关系，以效用最大化原则来支配和处分产权，从而优化激励与约束机制。

3. 产权的资源配置职能

产权的资源配置职能是指产权的确立能够使资源能根据市场需求的变化在全社会自由流动，提高资源的配置效率。产权一般具有排他性，排他性的产权使市场主体能够进行自由、公平的市场交易；产权一般具有可分离性，产权的可分离性能够促进市场分工的细化，由此带来收益的增加；产权一般具有可转让性，产权的可转让性能够促进资源的自由流动，促进资源效率的提高。

（二）新型农业合作化有利于明晰产权

现实中，农民可以用资金、土地经营权、劳动等方式进入合作经济组织。这些财产的所有权仍归农民所有，其占有和使用权为新型农业合作化所有，这就明晰了产权，实现了所有权和经营权的分离，突破所有者自身能力的限制，委托经营能力高强者代己经营，从而获得比自己经营更高的经济效益，充分发挥上述资产的效用。对于新型农业合作化组织的公共积累部分，应当看作是合作经济组织的法人财产，是最初投资者所投入的资产及其增值，应由最后组织成员按持有比重的多少拥有。

第二节　财政政策促进新型农业合作化发展的理论依据

财政政策能够促进新型农业合作化的发展，外部性理论、公共品理论、基础产业理论和产业组织理论等经济学基本理论为财政政策的介入提供了充分的依据。

一、公共品理论

有关公共品（public goods）的思想渊源最早可以追溯到 17 世纪英国资产阶级思想家托马斯·霍布斯（Hobbes）。经济学鼻祖亚当·斯密（Smith）在其 1776 年出版的《国富论》一书中对于政府职责的论述，也蕴含着有关公共品的思想，只是这种思想包含于对政府和国家职能的论述中。作为一个专业术语，公共品最早是由林达尔（Lindahl）于 1919 年在其博士论文中正式使用的。其经典定义是萨缪尔森（Samuelson）在《公共支出的纯理论》一文中给出的。萨缪尔森认为，公共品是指每个人对这种产品的消费，都不会导致其他人对该产品消费的减少。根据萨缪尔森的定义，一般认为公共品有三个特征：第一，非排他性（non-excludability）。指公共品被生产出来后，就不能排斥该社会上的任何人消费该物品。第二，非竞争性（non-rival）。指一个人对公共品的消费不会减少其他人同时对该产品的消费，即增加一个消费者所引起公共品的边际成本为零。第三，效用的不可分割性（non-divisibility）。指公共品的效用为整个社会成员所共享，技术上不能被分割成若干个部分，分别归某个个人享用，或者说不能按照"谁付款，谁受益"的原则进行运作。

公共品的特征决定了单靠市场难以提供，需要政府完成。政府提供公共品的方式主要有两种：第一，政府直接投资。政府可以通过财政投资建立国有企业的方式直接向社会提供公共品，也可以通过委托私人机构提供公共品，同时财政解决全部或部分生产资金。第二，鼓励私人提供公共品。对于非纯公共品，由于其在受益范围和程度上存在排他性和竞争性，因此这类公共品的提供可以由政府和私人共同出资。政府通常的干预方式是：对提供非纯公共品的私人公司在税收方面执行优惠政策，或运用财政补贴、财政贴息等支出手段加以鼓励。

（一）农村公共品

1. 农村公共品的概念和特征

农村公共品是指具有一般公共品的特征，用于满足农村经济发展和农村居民改善生活需要的公共品。

农村公共品既有其作为公共品的一般特征即消费的非竞争性、受益的非排他性和效用的不可分割性，又有其作为在农村这一特定空间内的公共品的特性，这主要表现在：第一，较强的外溢性。相对于城市公共品而言，农村公共品具有较强的正外溢性。提供诸如农村道路、农村电网等公共品，既优化了乡村的投资环境，同时它所产生的收入效应、消费效应、就业效应，对启动农村消费，扩大内需和拉动经济增长具有明显的带动作用。第二，受益主体的分散性与需求的多样性。农村地域之间的差别决定了公共需求的多样性和复杂性。由于村庄布局的松散，农村人口密度不高且分布不均衡，导致农村公共品供给的效率较低，公众受益范围较小。第三，农民对农村公共品的依赖程度较高。我国农村以户为单位分散的生产经营组织结构对农村公共品具有强烈的依赖性。且农村经济市场化程度越高，这种依赖性就越大，农业生产外部条件的好坏，直接影响到农业生产和农民收入。

2. 农村公共品的分类和作用

农村公共品可分为农村生产性公共品和农村非生产性公共品。农村生产性公共品主要包括农田水利基础设施、农村道路和公共性运输工具、部分大中型农用机械设备、公共性农产品贮藏加工设备和用于生产其他产品的公共物品等。农村非生产性公共品主要包括邮电通讯设施、医疗卫生设施、学校设施、能源供给和自来水供应设施、福利设施、娱乐设施等。此外，农业生产的整个过程中具有明显的公共品属性，农业生产的公共品属性可以从产前、产中和产后环节来分析：农业产前环节指农用生产资料的供应环节，主要包括机械、化肥、农药、种子、燃料、饲料等农用物质投入的供应，以及为农场生产提供维修与技术咨询等生产前的社会化服务；农业产中环节指栽培农作物、植树造林、饲养畜禽与水产养殖等生产环节，为了提高农业初级产品的产出率，除了建设农用固定资产和流动资产等物质投入的公共品外，还必须大力兴建农田基本建设方面的基础设施，并采取必要的技术措施与管理措施有效的加以利用；农业产后环节，就是农业初级产品从离开农户到消费者手里的农产品流通环节，这个环节，是发展农产商品生产与活跃农村商品经济最重要的环节。农业产后环节农村公共品的有效供给，可提高农产品的时效，保证其安全，该环节已成为当今世界农村公共品供给的重点。

农村公共品的供给对于促进传统农业转向现代农业、推进农村地区城镇化进程、提高农民生活水平和质量、实现城乡统筹发展及构建社会主义和谐社会都具有重要的现实意义：第一，农村公共品的供给能够降低成本，推动农村经济增长；第二，农村公共品的供给能够降低农业的自然风险和经济风险；第三，农村公共品的供给能够促进农业生产的专业化、规模化和市场化发展，促进社会分工，有利于提高整个社会的劳动生产率；第四，农村公共品的供给能够改善农村生产生活条件，提升农村居民的生活质量，推进农村城镇化进程，缩小城乡差距；第五，农村公共品的供给能够扩大内需，拉动经济增长。此外，提高经营农业的脑力劳动者和体力劳动者的人才素质，可促进农业的持续发展。农村公共品的功能，就是在于适应这种要求，造就和培养劳动者的素质。

（二）新型农业合作化有利于农村公共品的供给

农村公共品的特征决定了仅靠农民自身很难有效提供，各种新型农业合作化组织也是农村公共品的提供主体之一，在农村公共品供给中发挥着不可替代的作用。新型农业合作化在某种程度上解决了公共投入与现实发展需要的矛盾，公众利益与个人投资者利益的矛盾①。同时，采取合作投入方式，既解决了农民个人资金有限、难以进行有效投资的问题，也分散、降低了农民的投资风险，保证了公共品服务型合作经济组织的业务稳定和有效运转。合作经济组织可以提供收益界限清晰、具有排他性收费的公共服务，也可以提供组织内的集体性服务，还可以提供自助性服务。新型农业合作化对农村公共品供给的作用主要体现在以下几个方面：一是直接提供部分公共品。有一部分是公共品，如教育培训、科技推广、信息服务等，对于这些方面的公共品，可以通过发展专业合作经济组织的方式来解决，而通过其他方式提供这方面公共品，如农村社区合作经济组织，都不会达到专业合作经济组织的效果②。因为，新型农业合作化直接面向生产、经营的某些环节开展服务，与农民的利益最直接，也最符合农民的需求。二是可以解决某些准公共品的投入。比如农田水利设施投入和农机投入等方面，通过采用合作经济组织筹集资金，可以使农民与公共品的服务紧密结合起来，提高资金的使用效率，有效地改善公共品的运营和管理③。三是可以发挥沟通和协商的作用。新型农业合作化组织是农民为了共同的利益建立的组织，对于会员具有一定的组织、协调作用，新型农业合作化提高了农民组织化程度和认识水平，可推动解决公共品的投入问题。

二、外部性理论

（一）外部性理论及演进

外部性理论源于英国"剑桥学派"创始人马歇尔（Marshall），

① 陈永新. 中国农村公共产品供给制度的创新 [J]. 四川大学学报, 2005 (1)：5 – 9.
② 王玉龙. 乡村公共产品提供模式解析——兼论农民适度参与乡村公共产品提供的资金来源 [J]. 南都学坛, 2004 (1)：109 – 112.
③ 冯先灵. 新农村建设中的农村公共产品供给问题研究 [J/OL]. 三农中国. http：//www. snzg. cn. 2007 – 01 – 21.

马歇尔虽然没有直接提出"外部性"的概念，但是用"内部经济"和"外部经济"这一对概念来说明第四类生产要素即"工业组织"的变化如何能导致产量的增加，从他对内部经济和外部经济的论述可以从逻辑上推出内部不经济和外部不经济概念及其含义。1924 年，马歇尔的学生庇古（Pigou）首次用现代经济学的方法从福利经济学的角度系统地研究了外部性问题，在马歇尔提出的"外部经济"概念基础上扩充了"外部不经济"的概念和内容，将外部性问题的研究从外部因素对企业的影响效果转向企业或居民对其他企业或居民的影响效果，并从社会资源最优配置的角度出发，运用边际分析的方法，提出了边际私人净产值和边际社会净产值的概念，最终形成了外部性理论。1928 年，阿温·杨格（A. Young）系统地阐述了动态的外部经济思想，提出"分工取决于分工"的观点、并把它和循环累积过程称之为"经济进步"。杨格的贡献在于构建了一个动态发展的增长经济学的理论框架，开创一门"探讨收益递增的经济学"。20 世纪 50 年代以后，许多经济学家对"外部性"的表述发生了新的变化，有些学者甚至将"外部性"等同于市场失灵。科斯（Coase）试图通过市场方式解决外部性问题。他认为解决外部性问题应该从社会总产值最大化或损害最小化的角度考虑，而不能局限于私人成本和社会成本的比较。交易费用为零时，在产权明确界定的情况下，自愿协商可以达到最优污染水平、实现和庇古税一样的效果，故庇古税根本没有必要。当交易费用不为零时，解决外部性问题需要通过各种政策手段的成本收益比较才能确定。道格拉斯·C. 诺斯（Douglas C. North）认为，随着生产力提高、交易发展和市场完善，外部性可由市场"化解"；公共政策及部门的发展也限制了外部性危害。两者的联合作用不断地使一部分外部性问题得以由市场的"固有程序去解决"，另一部分纳入越来越精确的公共领域管理之下。这种"固有程序"和政府管理实质上就是一种制度安排。1969 年，阿罗（Arrow）解释了通过创造附加市场使外部性内在化的观点。1988 年，鲍默尔和奥茨（Oates）在对诸多"外部性"进行研究之后认为："如果某个经济主体的福利（效用或利润）中包含的某些真实变量的值是由他人选定的，而这些人不会特别注意到其行为对于其他主体的福利产生的影响，此时就出现了外部性；对于某种商品，如果没有足够的激励形成一个潜在的市场，而这种市场的不存在会导致非帕累托最优的均衡，此时就出现了外部性。"①

（二）外部性的治理

按影响效果，外部性可分为正外部性和负外部性，正外部性是某个经济行为个体的活动使他人或社会受益，而受益者无须花费代价，负外部性是某个经济行为个体的活动使他人或社会受损，而造成外部不经济的人却没有为此承担成本。外部性是市场失灵的表现之一，依靠市场自身难以解决。从理论上看，外部性的治理主要有以下几个途径：

1. 经济规制

庇古提出了著名的修正税（corrective taxes），即对产生负外部性活动的经济主体课征正的税收，同样，对于产生正外部性活动的经济主体课征负的税收——实行价格补贴，就会消除私人边际成本（或收益）与社会边际成本（或收益）之间的差异，使资源配置重新回到帕累托最优状态。

2. 行政管制

管制是由行政机构制定并执行的直接干预市场配置机制或间接改变企业和消费者的供需决策的一般规则或特殊行为。管制手段是政府运用行政权力直接处理外部性问题的方式，它是世界各国政府解决外部性问题最基本、最常用的方式。如果经济主体所产生的负外部性极大，其为社会提供的财富所带来的社会总体福利增加，远

---

① 贾丽虹. 关于外部性概念的考察［J］. 华北生范大教教报，2002（6）：132－135.

不及他所造成的对社会总体福利的减少，政府就需要制定一系列的"一般规则"或采取一系列的"特殊行为"来限制或制止该行为的发生。

3. 产权交易

产权交易是科斯首先提出来的，在科斯看来：如果交易费用为零，无论权利如何界定，都可以通过市场交易和自愿协商达到资源的最优配置；如果交易费用不为零，制度安排与选择是重要的。这就是著名的科斯定理。科斯也意识到，现实中交易成本是无所不在的，即无论是市场还是政府，其解决外部性的行为都是有成本的。但是在没有对政府寻找最优外部性所耗费的成本和当事人通过市场谈判来寻求最优外部性的成本之间进行比较之前，既没有理由认为市场和企业不能很好地解决外部性问题，也不能够认定政府规制不会导致经济效率的提高。

4. 社会准则

即对人们进行社会准则的教育以解决外部性问题。斯蒂格利茨认为：社会准则的内容就是"黄金律"。他认为，用经济学的语言来解释黄金律就是"要产生外部经济性，不要产生外部不经济性"。由于人们的行为是相互影响的，所以人们要时时刻刻用社会准则来要求自己。这种黄金律在家庭中一般来说成功地避免了外部性，但就社会化过程来说却没有成功地解决现代社会产生的各种外部性问题。

（三）外部性在农业生产中的表现

1. 农业生产中正外部性的表现

第一，促进经济发展。作为一个特殊的行业，农业本身具有很明显的"收益外部化"。农业的发展在整个国民经济发展中起着基础和决定性的作用，但这种好处却难以计量，也就无法提出相应的补偿，于是，收益就发生了"外溢"。在我国，这种收益"外溢"现象突出表现在工农产品价格"剪刀差"上。也就是说，农业被迫成了收益外部化的供体。第二，保护生态环境。草原、林地、森林、绿洲、湖泊、耕地等景观的无偿提供就是农业外部经济的典型例子，它们对净化空气、保护植被、防止水土流失等都起到了积极作用，社会公众也因此而无偿获益。比如，生态农业建设促进了农业资源持续高效利用，改善了生态环境，还推动了无公害农产品、绿色食品的发展，对提高农产品质量安全发挥了积极作用。第三，对其他行业成本外部化的接受。和工业、交通运输业等其他非农产业相比，农业更容易成为成本外部化的受体。

2. 农业生产中负外部性的表现

第一，地力的损耗。农业生产对地力的损耗取决于市场对农产品需求的数量、结构及生产的集中程度。一般来说，水产品的养殖对地力的损耗较小，农作物的过度种植对地力的损耗较大，畜产品的较多放养对地力构成间接影响。再者，如果农业生产的集中程度较高，则对地力的损耗较大。反之，则较小。第二，生态的破坏。市场对农产品的需求数量随着人口的增加而不断增加，而生产农产品所需要的关键要素——土地资源的数量却保持不变。当一个国家人口数量较多时，人地矛盾就会十分明显地暴露出来。虽然世界范围内的自由贸易能解决这一问题，但对于一个拥有十几亿人口的中国来说，农产品中的主要作物——粮食的安全问题不能建立在别国的经济基础之上。因此，我国的农业生产对土地的压力必然是会越来越大，对生态环境造成一定的破坏也是不可避免的。第三，食品的污染。在农产品生产过程中，由于化肥、农药的使用，不可避免地存在着有毒物质的残留。这对消费者的身体健康会造成较大的危害。

（四）新型农业合作化有利于外部性的治理

农业生产中存在的正外部性对私人行为的激励有限，从而新型农业合作化的能够有效地解决这些问题。假定 N 代表某一范围内的农户数，n 代表参与建立某新型农业合作化的初始农户数，c 是加入合作经济组织的户均成本。随着社会资本的增加,协调行为变得更加容易,加速了信息的流动,结果是 c 下降了,农户从合作经济组织供给中获得的个人收益为 b_i,由于农户的社会资本 k_i 而得以增加,他参与新型农业合作化获得的总收益为 $B(k_i, b_i)$,如果互惠规范强大,范围内有较强纽带的农户可以从合作中获得更高的回报(或净回报)。如果互惠规范得不到提高,那么,一个农户和范围内有较强的联系纽带而不关心范围的合作经济组织建设,而另一农户十分关心该范围的合作经济组织建设却与该范围的联系不紧密,这两个农户能够从合作经济组织获得一样的收益。我们还假设在参与新型农业合作化的农户数中从中获得的收益是线性的,于是第 I 个农户从参与新型农业合作化中获得的额外收益等于每户额外参与系统村民获得的收益 b_i。因此,如果 r 个其他农户参与其中,那么第 I 个农户的收益会增加 b_{ir}。r 个其他农户参与系统的概率是 $\Pr(r/N-1, k)$,它是其他农户(N-1)和范围内社会资本水平 k 的函数。如果第 I 个农户参与(没有参与),只有 $r \geq n-1(r \geq n)$ 时,该新型农业合作化才能成立。假设参与的初始人数 n 由提供建设计划的发起者决定,因此,它外生于农户的参与决定。如果第 I 个农户参与的期望收益大于期望成本,那么,它将会参与其中:

$$b_i \sum_{r=n-1}^{N-1} r\Pr(r/N-1, k) + [B(k_i, b_i) - c(k)]$$

$$\times \sum_{r=n-1}^{N-1} r\Pr(r/N-1, k) > b_i \sum_{r=n-1}^{N-1} r\Pr(r/N-1, k)$$

第一项代表了至少(N-1)个农户同意参加该组织,第 I 个农户参加组织的期望收益。因此,新型农业合作化产生了,公共品能够有效供给。表达式的第二项表示第 I 个农户对自己的贡献的直接期望净收益。不等式右边表示假设第 I 个农户决定不参加合作经济组织而该组织又建立了的期望收益(不具备排他性)。

新型农业合作化的产生能够将农业生产中的负外部性部分的内部化,科斯早已证明了内部化的效应。总的来说,由于农户的同质性，即共同的语言、道德标准和收益期望等，同一范围内农户之间的相互了解，减少了机会主义行为和道德危害现象的发生，农户们更易于达成协议和降低交易成本，增强了新型农业合作化的凝聚力，使新型农业合作化成为农业生产正外部性发挥和负外部性消除的有效代理人。

三、基础产业理论

（一）基础产业的概念及政府介入的必要性

基础产业是指对其他部门提供条件、机会，生产基本生产资料的产业，或者说是那些由于它们供给能力不足会导致国民经济增长机会损失的产业。按提供产品的不同，基础产业有狭义和广义两种。狭义的基础产业是指农业、能源等生产实物性产品的产业；广义的基础产业既包括生产实物性产品的产业，还包括金融、科教卫生等生产无形产品的基础部门。

政府进入基础产业的决定性因素在于产业自身的特性，如提供产品的公共性、基础地位和产品短缺等。第一，产品的公共性。基础产业处于整个国民经济链条的前段，其提供的产品许多具有公共品性质，单靠市场显然是无法充分提供的。第二，基础地位。基础产业所生产产品价格会构成后续相关产业的产品成本，其价格的变化会影响到后续产业产品的价格，并且通过价格传导机制传送到国民经济中大部分产业和产品，从而影响到全社会产品价格的波动。第三，产品的短缺性。基础产业所生产的产品一般需求弹性小，但其供给容易受到多种因素的影响，容易出现产品短缺的现象，在市场供求规律的作用下，价格会迅速上涨，容易引起"资源滞存"、屯货居奇、腐败等现象。因此，政府必须介入基础产业，通过促进生产、价格管制等多种方式保证市场的稳定，实现配置效率和生产效率的统一。

（二）农业基础产业地位的表现

农业的基础产业地位最早由马克思提出并科学论述的。马克思指出：超越于劳动者个人需要的农业劳动生产率，是一切社会的基础。农业产业基础理论可细分为要素贡献论、产业制衡论和自然属性论三个层次。库兹涅茨认为，农业于国民经济发展有四大贡献，即产品贡献、要素贡献、市场贡献和外汇贡献①。产业制衡论主要关注工业与农业之间存在的相互依存关系：在第一次产业分工之前，"只有农业劳动生产率提高到了一定的水平，能够经常提供剩余产品时，工业以及其他部门才能相继脱离农业而独立"②；在工业化推进期间，"如果农业不能继续提供有保障的食物，以及部分原料、市场和要素贡献，工业化将急刹车或停滞"；在工业化基本完成之后，则要"以工业反哺农业"③，进一步推动农业的发展。自然属性论认为农业的基础地位"是由农产品的自然属性和农业的特点所决定"的，这也就是马克思所说的"人们为了能够创造历史，必须能够生活，但为了能够生活，首先要求衣、食、住、行及其他东西"和"在任何时候任何发展阶段，最文明的民族也同最不发达的、未开化的民族一样，必须先保证自己的食物，然后才能去照顾其他事情"④。

农业在国民经济中的基础地位表现在以下几个方面：（1）农业是粮食等基本生活必需品的来源；（2）农业是发展工业和其他事业所需劳动力的主要来源；（3）农业是工业特别是轻工业所需原料的来源；（4）农业是工业的重要市场；（5）农业是国家资金积累的重要来源；（6）农业是出口物资的重要来源；（7）农业人口占全国总人口的绝大多数。从我国的实际情况来看，农业的基础地位依然很弱，工业化和城市化对农村发展的带动作用依然有限。随着工业化程

---

①②③　库兹涅茨. 各国的经济增长：总产值和生产结构［M］. 北京：商务印书馆，1985.

④　马克思，恩格斯. 马克思恩格斯全集（第1卷）［M］. 北京：人民出版社，1972.

度的提高，城市化进程不断加快，城镇人口不断膨胀，对农产品的商品性需求不断增长，尤其是随着全社会人均收入水平的不断提高，人们对农产品的数量需求满足的前提下，逐步转向对优质、卫生安全的追求。

第一，从政治角度看，农业是国家自立的基础。我国的自立能力相当程度上取决于农业的发展。如果农副产品不能保持自给，过多依赖进口，必将受制于人。一旦国际环境变化，势必陷入被动，甚至危及国家安全。因此，农业的基础地位是否牢固，关系到人民的切身利益、社会的安定和整个国民经济的发展，也是关系到我国在国际竞争中能否坚持独立自主地位的大问题。

第二，从经济角度看，经过40多年的改革开放，我国已进入工业化中期阶段和城镇化快速发展时期，农业也已进入一个新的发展阶段。虽然农业在国内生产总值中所占的比重越来越低，农民收入增长来源由过去主要依靠农业转向越来越依靠非农产业，但农业的基础作用非但没有减弱，而且更加突出。这表现在以下几个方面：首先，农业仍然是国民经济最重要的基础产业；其次，农业仍然是不可替代的产业，食品以及大部分轻工业原料仍然只能由农业生产来提供；再次，农村仍然是扩大内需的瓶颈制约；最后，农业对物价稳定仍然具有举足轻重的影响。

国家通过各种政策支持农业生产水平提高的同时，还会加大对农业生态环境整治和改造的支持力度，促进农业生态环境的改善，提高优质安全农产品的生产能力，以保障国民对农产品的需求。虽然农业科技进步可以从一定程度上缓解资源对农业发展的制约，但在短期内，各种资源对农业的制约作用却是很难改变的。在这样的环境下，我国未来的国民经济能否持续、快速、健康地发展，在很大程度上受到现代农业建设状况的影响。为了有效地推进社会主义新农村的建设，国家必须加大对农业的支持力度，改善农业发展的外部环境，新型农业合作化的存在和发展能够促进有效地促进农业的发展，增强其基础产业地位。

四、产业组织理论

产业组织理论是研究新型农业合作化的重要理论基础。产业组织指同一产业内企业间的组织或者市场关系。这种企业间的市场关系主要包括：交易关系、行为关系、资源占用关系和利益关系。产业组织理论以同一商品市场的企业关系结构为研究对象，以产业内的最佳资源配置为目标，研究产业内企业规模以及企业之间竞争垄断关系的应用经济理论。其核心内容是研究某一产业的产业组织的结构性质是否保持了该产业内有足够的压力改善生产经营，降低成本；某产业组织性质是否利用了"规模经济"，使该产业处于单位成本的最低水平。

亚当·斯密认为，自由竞争的结果会使产品的价格与成本一致，这一论断很长时间为学界多认可和接受。20世纪二三十年代，现代厂商理论对这个假定提出了挑战，斯拉法（Sraffa，1926）、琼·罗宾逊（Joan Robinson，1933）、E. 张伯仑（Chamberlin，1933）等相继提出了不完全（或垄断）竞争理论，他们成为产业组织的直接理论先驱。传统的产业组织理论出现在20世纪40年代，成熟于20世纪60年代，被视为"结构主义"，以贝恩（Bain）为代表，主要涉及厂商之间经济行为和关系，强调市场结构在对行为和绩效的影响作用。贝恩（1959）用企业的市场集中度来测量市场结构和用回报率，通过对42个美国样本制造业1936～1940年经营状况的考察，得出了市场集中度与经济绩效呈现正相关的结论。此外，贝恩用进入壁垒来测量市场结构，通过20个美国样本制造业的进入壁垒和利润关系的分析，证明集中度和利润之间呈现正相关性，高壁垒条件下的平均回报率明显高于低壁垒条件。围绕着这些经验研究结论，贝恩建立了市场结构决定市场行为，特别是市场绩效的理论假定。市场结构主要是涉及影响竞争过程的市场特征，主要强调进入壁垒条件，包括厂商的规模及其分布、产品差异化程度、厂商的成本结构及政府管制程度。行为主要包括产品定价和非价格行为。贝恩强调市场结构影响单个厂商的经济行为：一是直接影响，如厂商的内部组织结构，包括佣工策略、工作条件等；二是间接影响，如厂商内部资源配置及其产品定价和竞争策略。绩效，主要是通过规范的"好坏"标准对满足特定目标的经济行为的评价。其分析框架可表述为"市场结构（structure）—企业行为（conduct）—经济绩效（performance）"（简称 SCP框架）。图 3.1 表明了三者之间的关系。

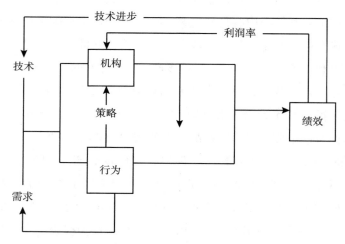

图 3.1　结构、行为与绩效之间的相互关系

从图 3.1 中可以看出，市场结构、企业行为和经济绩效之间存在着相互作用的复杂关系：结构和行为都是由需求条件和技术条件决定的；结构是会影响行为的，反过来，行为也会影响结构；结构与行为的交互作用又决定着绩效；行为也会影响需求。虽然贝恩等人建立的"结构—行为—绩效"分析范式奠定了现代产权组织理论的基础，但也存在着一些缺陷：第一，概念上。在对产业绩效测量中，主要采用了利润率和回报率两种指标，这两种指标是否遵循了长期绩效衡量方法；结构变量是否是外生。第二，简单化逻辑。导致行为和经济绩效的原因是非常复杂的，但 SCP 模型的单线条分析削弱了模型对经济现象的解释力度。第三，经验性分析强于理论解释。

除了以梅森（Means）和贝恩（Bane）为代表的哈佛学派以外，芝加哥学派对产业组织理论的研究与发展也有着重要的贡献，从 20世纪 60 年代后期开始，芝加哥大学的一些学者比如斯蒂格勒（Strgler）、波斯纳（Posner）等人对当时被奉为正统的结构主义理论进行了激励的批判，并逐渐形成了一个新的产业组织理论研究基地。斯蒂格勒于 1968 年出版的《产业组织》一书是该学派的代表作，标志着芝加哥学派在理论上的成熟。该学派信奉自由市场经济中竞争机制的作用，强调新古典学派价格理论在产业活动分析中的适用性，坚持认为产业组织及公共政策问题仍然应该通过价格理论的视角来研究，力图重新把价格理论中完全竞争和垄断竞争这两个传统概念作为剖析产业组织问题的基本概念。芝加哥学派认为，高利润率并不一定是垄断的结果，而有可能是企业提高了效率的结果，因此，市场绩效或企业行为决定了市场结构，而不是市场结构决定市场绩效或企业行为（见图 3.2）。芝加哥学派秉承彻底的经济自由主义思想。他们坚信唯有自由企业制度和自由的市场竞争秩序，才是提高产业活动的效率性、保证消费者福利最大化的基本条件，而对政府在众多领域的市场干预政策的必要性持怀疑态度。

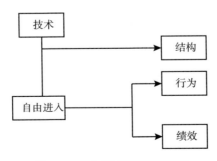

图 3.2　芝加哥学派研究框架

　　20 世纪 70 年代以后，产业组织理论进入了一个新的发展时期。这一时期，由于可竞争市场理论、交易费用理论、博弈论和合约理论等新理论的引入，产业组织理论研究的分析基础、分析手段和研究重点等产生了实质性突破，大大推动了产业组织理论的发展。第一，可竞争市场理论。只要保持市场进入的完全自由，只要不存在特别的进出市场成本，竞争的压力就会迫使任何市场结构条件下的企业采取竞争行为。在这种环境条件下，包括自然垄断在内的高集中度的市场结构是可以和效率并存的。第二，交易费用理论。新制度经济学通过"交易费用"的概念广泛地讨论了企业的规模边界问题。由于市场不完全和有限理性，交易双方需要通过一体化来最小化交易成本，来防止机会主义导致的欺诈问题，决定一体化的主要因素是交易次数、不确定性和资产专用性的交易维度。产权理论则深入讨论了企业内部的权威机制和治理结构的所有权配置问题，同时对市场和企业之间的关系进行了分析。第三，博弈论。博弈论对产业组织重要的贡献在于它为解释和分析不完全竞争的市场提供了很好的行为分析工具。由于博弈论在有限局中人行为分析的优势（包括 Nash 价格模型、Betrand 数量模型和 Stackelberg 领导者模型），通过各种反应函数的分析，厂商的策略性行为对市场绩效和结构的影响的解释更加逻辑和合理，传统的结构、行为和绩效的单向关联也演绎成复杂的双向或多重关联机制。第四，合约理论。合约理论对产业组织理论的贡献主要体现在厂商的决策过程及目标讨论上。合约理论通过委托代理关系进行了解释，认为由于各厂商的组织结构、所有权配置的不同，在目标决策机制上也出现了广泛地差异化。在委托人不能有效地监督或者缺乏足够的激励条件下，代理人在企业决策中就会严重偏离企业最大化目标。该假定已经广泛地运用到产业组织理论的目标决策过程的分析。20 世纪后期，企业的规模不断扩大，市场结构日益演化为以垄断竞争为主流的形态，厂商之间的专业化分工和协作日益密切，形式日趋多样化、竞争的方式、手段花样翻新。如何分析新市场条件下的厂商行为成为产业组织理论的主要课题。

　　总之，农户在外部利润诱导下自发进行的组织创新，由于农户既无力也不可能独自承担高昂的创新成本，实践中必然会呈现出局部性、不稳定性、异质性和滞后性特征，无法满足社会对于合作经济组织的制度需求。要实现我国新型农业合作化向更高层次、更广范围发展，必须由多个主体共同分担和化解成本，应将民间的自发创造与政府推动相结合，一方面要进一步强化农民在合作经济组织建立和发展中的主体作用，另一方面由政府担任"第二行动集团"①。新型农业合作化组织作为市场经济主体中的一员，本不应该受到政府的特别优待，但是，农业的弱质性和面临的风险以及农业的基础产业地位，决定了政府有必要给予新型农业合作化组织与其他农业经营者同样的甚至更优惠的待遇。政府也经常地使用它的权力为指导私人经营活动提供激励，政府运用政策激励这根胡萝卜，来培育有更多社会责任的企业部门②。

---

　　①　R. 科斯，A. 阿尔钦，D. 诺斯. 财产权利与制度变迁［M］. 上海：上海三联书店/上海人民出版社，2004.

　　②　王景新. 乡村新型合作经济组织崛起［M］. 北京：中国经济出版社，2005.

第四章 国外农业合作化财政政策及经验借鉴

国外农业合作化的发展已有近两百年的历史，随着资本主义工业化的迅速发展，农业对市场依赖程度的加深，合作运动在英国、德国和法国等西欧国家兴起，随后逐步扩展至整个欧洲大陆。19世纪末20世纪初，合作化运动席卷北美洲、拉丁美洲、大洋洲、亚洲、非洲国家。目前农业合作化已成为世界各国，特别是西方发达国家农村经济的重要组成部分，在提高农民组织化程度、保护农民利益、增加农民收入、促进农业发展、加速农业现代化进程等方面起着举足轻重的作用。由于各国国情不同，新型农业合作化主要形成了三种模式：第一种模式（美加模式）主要是以美国、加拿大为代表的跨区域合作经济组织类型；第二种模式（日韩模式）主要是以日韩为代表的综合性合作经济组织类型；第三种模式（欧洲模式）主要是以法国为代表的专业性合作经济组织类型。本书选取运用这三种模式最为典型的美国、日本和法国三个国家，具体分析这三种国家新型农业合作化发展过程中政府行为的基本情况，总结这些国家农业合作化的财政政策，分析其共同之处，以对我国新型农业合作化发展过程中的政府行为和财政政策的制定提供借鉴，更好地促进我国新型农业合作化的发展，为建设社会主义新农村、实现社会主义现代化作贡献。

第一节　美国农业合作化概况及财政政策

一、美国农业合作化概况

美国农业合作化的载体一般翻译为农业合作社，主要包括三种类型：一是农业合作银行；二是农业营销合作社；三是农业合作社协会。美国农业部把农业合作社定义为："合作经济组织是拥有共同所有权的人们在非营利的基础上为提供他们自己所需要的服务而自愿联合起来的组织"。

在美国，最早出现的农场主合作社是农产品销售合作社，至今已经有二百年的历史。随着农业生产力的发展，农业合作化也经历了一个发生、发展和壮大的过程。这个过程大致可以分为以下几个阶段：第一阶段，1810～1867 年。这是美国农业实现商品化的时期。1810年，康涅狄格州的奶农成立了美国第一个农业合作社——奶油加工销售合作社，主要从事加工和销售奶油。这期间比较成功的则要算1841 年和 1851 年在威斯康星州和纽约州成立的两个乳业合作社。从那以后，各种合作社纷纷出现。1860 年，在谷物生产州已经出现了合作社经营的粮库。这段时间里，合作社解决的主要问题是农产品销售。第二阶段，1867～1921 年。19 世纪 60 年代，华盛顿特区的一些农场主为了维护自身的利益，自发联合起来，成立了自己的互助组织，这就是"格兰奇"，即"保护农业社"。格兰奇主要从事销售和储运、加工方面的合作，并取得了成功。到 1890 年，全国大约有1000 多个合作社组织。1916 年，国会通过了《联邦农场信贷法》。1917 年 4 月，联邦土地银行被批准成立。到 1919 年末，全国已有4000 多个农场信贷协会。第三阶段，1922～1931 年。1922 年，美国国会通过了《卡帕—沃尔斯坦德法》（Capper – Volstead Act），新型农业合作化自此获得合法地位并得到了迅速的发展。1931 年合作社的数量增加到 11950 个，估计社员人数达到 300 万，营业额共达到 24 亿美元。第四阶段，1931 年到现在。20 世纪 30 年代以来，农业合作社的发展特点是合并和提高效率。随着商品农业的进一步发展以及合作社规模的扩大与经济实力的增强，从事有垂直联系的一系列经营活动的合作社越来越多。与以前不同的是，合作社在各个环节上都加强了合同关系，即用合同把生产、财务、加工、销售与经营管理联结起来。在农业合作社规模大大增加的同时，合作社的数目明显下降。1955 年降至 1 万个以下，1970 年为 7790 个，1981 年为 6211 个。根据美国农业部的统计，至 2006 年底，美国农业合作社数量为 2675 个，社员数达到 260 万人，合作社主营业务收入达到 1105 亿美元，净利润达到 32 亿美元[①]。农业合作社的发展极大地促进了美国农业产值增长和农业现代化。

政府在美国农业合作社发展上一直发挥着重要作用，政府专门在农业部内部设置了农业合作社管理局，并通过各种形式的财政政策、货币政策等来支持农业合作社的发展。美国政府对农民合作社的管理主要是通过联邦一级和州级合作社立法、企业法、各种政策以及其他相关规定来实现。1922 年通过的卡帕—沃尔斯坦德法首次承认农业了生产者在自愿基础上为共同利益结成协会的权利，并规定了农业合作社享受不正当竞争保护和税收优惠待遇的条件。1926 年美国国会通过的《合作社市场法》（Cooperative Marketing Act）进一步为合作社提供了反托拉斯豁免条款，授权美国农业部负责指导研究、收集统计数据、提供技术援助、开发教育资料以及帮助生产者对组织新的合作社产生兴趣。1967 年美国国会通过了《农业公平交易法》（Agricultural Fair Practices Act），建立了交易者在交易农产品中所需要的公

---

① 国家农发办赴美考察团. 美国农业合作社发展状况 [J]. 中国农业综合开发，2008 (6)：61 –63.

平交易的六项标准。此外美国政府帮助专门向农场主和合作经济组织提供信贷支持的农业信贷合作体系，对农业和农业合作社的发展起到了非常重要的作用。农业合作社成立后，政府还向农业合作社提供各种服务，具体包括：帮助合作社制定发展战略计划；帮助合作社分析合并或联营的方式；帮助合作社进行投资农产品加工增加业务领域的可行性分析；农业合作社运营状况或财务状况分析、编制合作社预算；帮助合作社改进内部治理结构；国家法律条款的解读等。而且，上述行为都是免费的咨询服务①。

二、美国农业合作化财政支出政策

目前，美国的财政支农支出中相当一部分是通过农业合作社完成的。但是随着美国农业合作社的日益完善，直接的财政支出政策已经不太多，美国农业部通过设立专项财政补助支持农业合作社发展。其中，农业合作社发展补助用于改善现有合作社的功能以及建立新的合作社，符合条件的农业合作社研究和发展机构，每一年度可申请一定数额的资助；农产品价值增值补助用于支持新一代农业合作社实现农产品加工增值；农业合作社还可以申请农业部为促进农村社区可持续发展设立的专项财政补助，用于农村社区的经济规划以及企业技术援助和培训等②；对符合条件的公共事业合作社进行补贴，如农村电话合作社、农村电力供应合作社，由政府提供直接补助、贷款；通过政府基金为合作社提供贷款担保，这是目前财政支出方式中最多的一种，其运作方式是政府与商业银行签合同，商业银行与农户签合同，最高担保额占合作社贷款的80%，而且，贷款的适用范围广泛，只

---

① 苑鹏，刘凤芹. 美国政府在发展农民合作社中的作用及其启示 [J]. 农业经济问题，2007（9）：101 – 106.

② 美国农业合作社的发展经验及对我国的启示 . http：//www. caein. com/index. asp? xAction = xReadNews&NewsID = 35291.

要用于合作社成员发展业务即可。美国政府对农业合作社的贷款担保政策，即规避了政府干预市场的嫌疑，同时又避免了将财政资金交给政府机构运作的无效性①。

三、美国农业合作化税收政策

19 世纪末，美国政府就豁免了农业合作社的全部税赋，1922 年，美国政府通过了《卡帕—沃尔斯坦德法》，对合作社给予税收优惠，甚至部分合作社享有免税待遇。随着美国农业合作社的发展和经济实力的壮大，税收优惠措施也越来越完善。后来，美国政府修订了针对所有农业合作社全部税务豁免的条款，只有经过相关部门认定取得免税资格的农业合作社才具有税赋豁免的待遇。而且，对于享受免交联邦所得税的农业合作社，也享受免缴州法律规定的所得税。对于没有取得免税资格认定的农业合作社，按照一般公司征税，但对于这些农业合作社的部分收入免税，例如政府的惠顾返还金、给社员分配的利润以及经认可的其他收入。1990 年，美国国会通过了《合作税则》，确定了新的农业合作社征税原则，即联邦政府对农业合作社的收入按照单一征收所得税的原则（一般公司要缴纳公司所得税及个人所得税双重所得税制）。与其他企业相比，合作社的税负是比较低的，一般农业合作社税负平均只有工商企业税负的 1/3 左右②。此外，美国政府还利用税收政策吸引对农业合作社的投资，例如为了吸引金融组织对农业合作社的支持，美国《联邦信用社法案》规定农村信用社免征联邦收入所得税，从而增强了美国信用社发放贷款、增加了对农业合作社的投入的能力。

---

① 汪雷，胡志红．促进农村合作经济组织发展的财政政策之国际比较及借鉴［J］．铜陵学院学报，2007（6）：12－13．
② 马衍伟．支持农村合作经济组织发展的税收政策选择［J］．兰州商学院学报，2007（2）：25－33．

此外，美国有大量的针对非营利组织的税收优惠政策，农业合作社同样享受。美国联邦政府对非营利组织的税收优惠政策可分为两个部分：一是非营利组织自身享受的税收优惠；二是作为吸收社会捐赠最主要社会组织，机构和个人向非营利组织的捐赠可享受一定的税收优惠。

销售税方面：销售税在美国属于州税，从目前各州的销售税法来看，大部分规定享有免税资格的非营利组织在购买商品和劳务时免税。联邦公司所得税方面：符合《美国国内收入法典》相关条款规定的非营利组织，其正常的所得免交公司所得税；与其宗旨及主要经营范围不符的所得不能享受免税，须按适用的公司所得税率纳税。美国联邦公司所得税法规定的正常所得指非营利组织在从事与其目标相关的业务中取得的所得，包括政府直接拨款、接受的社会捐赠和一些服务性收入（包括会员费）。需要指出的是，非营利组织只有经美国国内收入局（IRS）核准认定后才享有免税资格。其他税种方面：一是符合《美国国内收入法典》条款规定的非营利组织支付给雇员的工薪免交联邦失业税[1]；二是各州及地方政府大都对享有免税资格的非营利组织的财产予以免税的待遇。

美国政府针对向非营利组织捐赠的税收优惠主要由联邦个人所得税、联邦公司所得税和联邦遗产与赠与税等构成。享受税收优惠的捐赠对象必须是符合联邦税法规定的取得免税资格的非营利组织。个人所得税方面：个人向非营利组织的捐赠允许税前扣除，但有一个最高限额，即货币捐赠不得超过其"调整后毛所得"（adjusted gross income，简称 AGI，指纳税人取得的全部所得经有关调整后的毛所得额，也就是收入额减去不予计列项目和为计算该所得而进行的扣除项目）的50%，超过比例部分当年不得税前扣除，但允许向后结转，结转期最长不超过5年。如果个人进行实物捐赠，根据捐赠的财产，

---

① 里昂·艾里什，靳东升，卡拉·西蒙：中国非营利组织适用税法研究报告［R］. 2004（12）. http：//wenku. baidu. com/view/aa8b243143323968011c927b. html.

其扣除限额的确定分成两种：一是产生普通所得实物的捐赠，扣除限额为捐赠日该财产的公平市场价格与该财产调整后的基值中较小者；二是能产生长期资本利得实物的捐赠，其扣除限额有两种选择：第一，以捐赠时该财产的公平市场价值为标准确定，最高扣除限额为AGI 的 30%；第二，以捐赠实物的调整基值为标准确定，最高扣除限额为 AGI 的 50%。联邦公司所得税方面：公司向非营利组织的捐赠能够税前扣除，最高扣除限额为应纳税所得额（在不考虑慈善捐赠扣除、净经营亏损结转、资本利亏结转或收受股息的扣除时计算出来的）的 10%。如果纳税人当年的慈善捐赠超过上述限额，超过部分的捐赠可以向后结转，结转期最长不超过 5 年，且结转来的捐赠扣除要优先于当年的捐赠扣除。联邦遗产与赠与税方面：个人向从事宗教、慈善、科学、文学或教育目的（包括艺术奖励、保护儿童和动物以及鼓励国内或国际体育运动竞赛）的组织以及用于以上述目的的信托组织，退伍军人组织等的捐赠，可以进行税前扣除，并且没有扣除上限①。

第二节　日本农业合作化概况及财政政策

一、日本农业合作化概况

日本农业合作化的主要载体称为农业协同组织，简称"农协"。日本现代意义上的农协产生于"二战"后，以 1947 年 7 月日本政府颁布的《农业协同组合法》为标志。农家以组合员身份加入农协，组合员分为正组合员和准组合员两种：自愿入股的农民可成为所在地

---

① 里昂·艾里什，靳东升，卡拉·西蒙. 中国非营利组织适用税法研究报告［R］. 2004（12）. http：//wenku. baidu. com/view/aa8b243143323968011c927b. html.

区农协的正组合员；准组合员是住在当地农协管辖地区内，自愿向农协入股，利用农协事业的个人（可能不是农民）。20 世纪 70 年代以后，伴随着农业的内外部条件的深刻变化，日本农协的发展亦呈现出一系列引人注目的新趋向：一是加速合并与大型化；二是农协经营的企业化和农协组织的脱农化；三是农协事业的综合化。80 年代中期尤其是 90 年代以后，日本农业以国际化、自由化为中心，呈现出前所未有的新的发展势头，给农协的生存和发展带来了新的挑战，使其进入了调整、改革的新的转折时期。不少地方农协进一步合并，扩大经营规模。2002 年 3 月末，农协组合员总数为 910 万人（其中包括团体）。日本农协可分为综合农协和专业农协两类：综合农协是指面向所在地区内的所有的农家对农业生产指导、农产品销售、农业生产资料购买以及信用和保险救灾等事业进行综合性经营；专业农协是指由从事园艺和畜牧等某一专业的农家联合组建的农协。到 2003 年底，日本综合农协 909 个；2003 年 3 月末，专业农协 2913 个[①]。经过 60 多年的发展，日本农协已经成为一个庞大的、完善的组织体系，并形成了自己的特色。在日本，100% 的农户参加了农协，农协的触角无处不在，围绕着专业化，农协所从事的范围从技术指导、培训到农产品的加工、储藏、销售、信用、信贷、保险等，涉及农户生产和生活的方方面面。日本的农协是在政府的组织、指导和扶持下建立起来的，因此，一开始就有官办性质和政治色彩，是一个半官半民的组织，具有双重性质：既是农户为了保护自身利益而建立的群众组织；又是政府推行农业政策的中介机构。随着日本国内政治、经济形势的发展，农协与政府的关系越来越密切，农协的官方性质和政治倾向越来越鲜明。日本政府根据农协状况和外部环境的变化，一方面不断修改原有的法律，到目前为止，《农业协同组合法》已修改了 28 次[②]；此外，还通过制定新法律来增强农协活动的法律依据。日本农协实质

---

① 日本农协发展的新动向. http：//www. cqagri. gov. cn/detail. asp？ pubID = 127339.
② 陈柳钦. 日本农协的发展经验之鉴［J］. 南方农村，2010（1）：73 - 76.

上集新型农业合作化、政治团体和行政辅助机构三位于一体。农协不仅范围极广的从事农业生产活动，而且还代表农民向政府反映农民的利益要求，同时参与制定并贯彻执行政府的农业政策和计划。这种结合方式，使农协在经济上和政治上都形成一定势力，拥有了相应的话语权，不但有效地维护了农民利益，促进了农业生产的发展和农民增收，同时也大大减少了政府对农业的社会管理成本，提高了效率①。

二、日本农业合作化财政支出政策

日本政府对农业高度重视，在资金上给予了大力的支持。政府对于农业的支持，大部分通过农协投放。1950 年 5 月修改的《农业协同组合法》对农协的经费及经营活动做出了相应的规定，允许自办信用合作，并获得相应的税费支持。日本政府认为，农协是互助性质、不以营利为目的的经济组织，政府制定了多种财政补贴政策来扶持农协，积极解决农协的经费问题，确保农协专注于农业科研、经营、管理。政府对农协的补助金包括两个部分内容：一是无偿的财政性投入；二是有偿的政策性融资。确定无法回收项目的投入主要靠财政，能够回收的主要靠政策性金融。政策性金融可以采用财政贴息的方式，根据相关法律和金融政策，日本设立了农业投资资金，被称为农业制度资金。在农业制度资金中，农林渔业金融公库成立于昭和28 年（1953 年）4 月，是由国家全额出资的负责农林渔业到食品产业投资的唯一的政策性金融机构。政府对农协的经营服务设施，尤其是农产品加工、储运和科研设施的建设，都给予了大量投资，每年通过发放数十亿日元的补助金和贴息贷款来改善农协的经营环境。据统计，近年来日本政府每年扶持农业支出总额 3.1 兆日元，占财政支出总额的 6.7% 左右。日本政府对农业保险给予大量援助。目前农协发

---

① 胡卓红. 农民专业合作社发展实证研究［D］. 杭州：浙江大学出版社，2009.

放的现代化贷款，其年利率为 8%，而农民只负担其中的 5%，其余
的 3% 由政府补贴①。

三、日本农业合作化税收政策

多年来，日本政府对农协一直实行低税制，如公司所得税，一般
股份公司要缴纳 62%，而农协只缴 39%；法人税，一般企业要缴纳
35.5%，农协只缴 27%；各种地方税，一般企业要缴纳 50%～60%，
农协只缴 43%②。

日本非营利组织要经过政府主管部门的认定，只要经过认定的非
营利组织在日本可享受税收优惠待遇。日本的税收制度分为中央税和
地方税两种，中央税和地方税的立法权都在中央政府，因而，其非营
利性组织的税收优惠政策在全国是一致的。国税方面的税收优惠包
括：对非营利组织除了从事经营性活动的所得以外的全部所得免除法
人税；免征非课税经营的消费税；免征登记许可税和地价税；个人向
非营利组织捐赠部分免征继承税（遗产税）、赠与税；个人向非营利
组织的捐赠以对中央和地方政府以及特定公益事业且超过 1 万日元的
捐款为扣除对象，最高限额为综合课税所得总额的 25%；法人对政
府的捐赠和指定捐赠可全额列入费用，对特定公益法人的捐赠，每年
能够列入费用的最高限额为：期末资本金额 ×0.125% + 当年所得金
额 ×1.25%。此外，公益法人与特定公益法人所有的土地为非课税土
地。地方税方面的税收优惠包括：免征非营利组织的法人事业税、固
定资产税、城市规划税、事业所得税、不动产购置税、特别土地所有
税和地方消费税的非课税经营部分。

---

① 牛若峰，夏英. 农民合作经济组织发展概论［M］. 北京：中国农业科技出版社，
2001.
② 王功兴. 关于日本农协的考察报告. 中国农经信息网. http：//www. caein. com/in-
dex. asp？ xAction = xReadNews&NewsID = 24601.

第三节　法国农业合作化概况及财政政策

一、法国农业合作化概况

法国是欧洲第一农业大国，法国农业合作化的载体习惯称之为农业合作社，产生于 19 世纪末。1883 年在布卢瓦出现了第一个有完整章程的为农业提供服务的供销合作社。20 世纪 80 年代以后，合作社规模逐步扩大，数量减少，经营内容从共同购买生产资料、销售农产品，获得技术、信息等方面的服务扩展到加工、贮藏和销售领域。2004 年，法国有 3500 个各类农业合作社，全国 40.6 万个农户中 90% 为合作社成员。农业合作社在法国农业和食品业领域占据举足轻重的地位，合作社收购了全国 60% 的农产品，占据了食品加工业产值的 40%[①]。法国的农业合作社从社会化服务体系环节的角度分有 5 种类型：共同使用农业设备合作社（CUMA）、供货合作社、收购合作社、加工合作社、畜牧人工授精合作社。这些农业合作社的经营模式体现在：（1）拥有一套科学严密的农村社会化互助服务体系，重视向社员提供产前、产中、产后等一系列服务措施。90% 农业信贷业务由信贷合作社提供。85% 的农场主积极参与农产品的销售。但合作社企业的经济地位最突出地还是表现在各生产环节之间，以及产品和市场之间的联系上。（2）坚持一人一票原则。在机构设置方面不设监事会，只设理事会，鼓励社员积极参与合作社的经营和决策。（3）利润分配一部分作为提留，作为发展基金；另一部分是按照社员与合作社的交易额进行返还。股金的利息率由全体大会决定。

---

① 全国人大农业与农村委员会代表团. 法国农业合作社及对我国的启示 [J]. 农村经营管理，2005（4）：43 – 46.

（4）国家出台了一系列扶持农业政策。

19世纪末20世纪初，法国当局认为通过市场机制能使整个社会得到最大的福利，政府的作用应限于维持法律和秩序，保护国民免受外来的侵略。因而，法国政府对合作社采取了放任的态度，不支持也不抵制。因而，当时法国农业合作社的发展相对缓慢。进入20世纪，政府逐步意识到宏观调控的重要性，开始重视和支持合作社的发展，1962年，法国政府专门对农业合作社立法，明确规定了农业合作社成立的条件、合作社的地位、权利和义务等，政府对合作社的支持主要通过法律和经济手段进行。1972年，法国政府颁布法律规定：农业合作社和农业合作社联盟是区别于民营公司和商业公司的专门一类公司，有法人资格并享受充分的权利。法国有关农业合作社的法规主要由农业部负责制定，财务法规由财政部制定，公司法方面的问题由司法部协调解决。

二、法国农业合作化财政支出政策

在20世纪60年代，法国通过制定《农业指导法》，明确规定将对农业的扶持资金大部分用于农业合作社，以鼓励农民通过合作社联合起来。目前，法国对于农业合作社的财政支出政策主要是发放补助金和提供优惠贷款。补助金的发放依据不同性质的农业合作社和合作社的成员人数确定，例如，法国政府对于刚刚成立的共同使用农业机械的农业合作社，一次给予2.4万~3万法郎的财政补贴（根据会员人数多少而定），大体相当于购买农业机械价值的15%~25%。此外，法国政府还通过提供特别中长期贷款来支持农业合作社的发展。该项贷款的贷款期长，贷款利率比普通商业贷款低。例如，对山区和经济条件较差地区农业合作社的贷款最长期限为12年，年利率3.45%；对于平原地区农业合作社的贷款最长期限为9年，年利率为4.7%，均低于同期同类商业贷款利率。

三、法国农业合作化税收政策

在公司所得税方面：从事农业供应和采购以及农产品生产、加工、贮藏和销售的合作社及其联盟，免缴相当于生产净值 35% ~ 38% 的公司所得税；政府认为农民组建合作社的目的不是取得利润而是为了获得服务，合作社的活动是社员生产经营活动的延伸，合作社获得的盈余都通过利润返还形式分给了社员，社员依法交纳个人所得税，因而合作社没有义务再交纳公司所得税①。在地方税方面，有如下规定：牲畜人工授精和农业物资合作社及其联盟免缴注册税；谷物合作社及其联盟免缴一切登记和印花税；不动产税和按行业征收的产品税，对合作社减半征收；如果农业合作社只与社员进行业务往来并为社员服务，可免税；如合作社与其非本社社员的交易超过 20%，则要对合作社的全部盈余征收公司税，其余部分免税；免征合作社50% 的不动产税和按行业征收的产品税②。

第四节　国外农业合作化财政政策的共同之处及经验借鉴

一、国外农业合作化财政政策的共同之处

比较世界各国财政政策扶持农业合作化发展的成功实践，不难看

---

① 全国人大农业与农村委员会代表团. 法国农业合作社及对我国的启示 [J]. 农村经营管理，2005（4）：43 – 46.

② 马衍伟. 支持农村合作经济组织发展的税收政策选择 [J]. 兰州商学院学报，2007（2）：25 – 33.

出，不管各国农业合作化的称呼和立法的模式如何、有何特点，但对农业合作化的发展给予财政政策支持的做法有许多共同之处：

（一）高度重视，加大财政投入力度

农业是国民经济的基础，与其他产业相比是一个具有弱质性的产业，如果没有政府的支持和保护，尤其是财政资金的支持，就难以保持健康的发展。发达国家对于农业的财政投入多是通过新型农业合作化进行的，为了保障对于农业的投入，大部分国家都通过立法的形式给予保障，对政府财政经费中支持农业合作化的比重和数量有一般有一个明确的界定。在贷款方面，西方国家政府给予合作社财政上的资助内容是很广泛的，如政府的增与、补贴、贷款、担保、投资、订立合同、转让土地及建筑物等。在农业补贴方面，各国的农业补贴主要有：农产品价格补贴、农业投入补贴、农民收入补贴、农产品出口补贴以及政府在农业资源环境、农业基础设施建设、市场信息等方面的支持。

（二）目标明确

虽然各国采取的具体政策不同，但对于农业合作化财政支持的基本目标是一致的。一是生产目标。即重视农业的增产和农产品的自我平衡。二是收入目标。稳定提高农业合作化成员的收入水平，缩小农业人口与非农业人口的收入差距。三是效率目标。通过财政政策的扶持使农产品的价格在国内能为消费者所接受，在国际市场上具有竞争能力，实现农业生产资源的合理配置，保护农业的生态环境。

（三）符合本国国情

每个国家的农业和农业合作化有着自己的历史背景和特点，在不违背相关国际组织规定的前提下，各国采取的财政政策各有特色，但无一例外都是与本国国情紧密结合，且财政政策支持的重点为政府机构不能提供的社会服务，如增加合作经济组织的教育培训力度等。

（四）注重税收政策

财政支出政策对于农业合作化的发展具有直接推动作用，但财政支出多用于农业合作化发展初期，随着农业合作化组织的壮大和完善而逐步退出。近些年，许多国家加强了税收政策的调整，效果也非常明显。国外农业合作化的税收政策有三个共同点：第一，所得税采取单一纳税制，避免重复征税。其模式有四种：一是农业合作化组织免交所得税，由成员按其分配所得交纳个人所得税；二是农业合作化组织免交所得税，由成员交纳个人所得税，如果合作经济组织与非本组织成员的交易超过一定比例，则要对盈余部分征收所得税；三是农业合作化组织交纳所得税，成员也交纳个人所得税，但是，对于与成员交易形成并返还给成员的盈余，合作经济组织可免税，只由成员交纳个人所得税；四是农业合作化组织交纳所得税，成员也交纳个人所得税，但合作经济组织的税率低于其他形式的法人。第二，重视流转税的作用。在增值税、销售税方面，不仅农业合作化组织销售自产的农产品免税，而且为成员提供收割机、农具、拖拉机、化肥、农药等生产资料也是免税的。第三，税收优惠方式多样化和系统化。如比较注重所得税、商品税、财产税等两种或者两种以上税种的综合豁免；在所得税征收时，允许亏损向后无限期弥补、增加扣除项目；等等。许多国家在农业合作化税收优惠政策的制定中形成了一个体系，从农业合作化组织成立之初注册登记税、印花税的免除，到运转过程中的所得税、商品税的减免都有相关规定。

（五）重视监督

各国对于农业合作化财政资金的获得都有着严格的规定，只有符合条件的才能够享受到相应的资金支持。与此同时，许多国家都加强了对农业合作化财政支出资金的绩效考查，确保财政资金的使用效果。此外，许多国家对农业合作化组织享受税收优惠政策也有一些严格的条件限制，税务部门在审批时要严格把关：第一，农业合作化组织的宗旨必须是为了成员的共同利益；第二，农业合作化组织必须完全或者主要从事与其宗旨相关的活动，不能以盈利为目的；第三，农业合作化组织的成员有个最低人数限制，以保证其真实性；第四，农业合作化组织必须是"无利润分配"。

二、国外农业合作化财政政策的经验借鉴

西方发达国家的农业合作化经历了近 200 年的发展，财政杠杆始终伴随，积累了丰富的经验，取得了一定的成果。我国新型农业合作化的历程很短，有必要认真研究国外农业合作化财政政策，有选择的借鉴国外一些做法和先进经验为我所用，推动中国新型农业合作化的发展。

(一) 加强立法

市场经济本身就是一个法制经济，农业合作化的健康发展离不开法律的支撑和保障，各国在农业合作化的发展过程中，都会通过立法的方式予以保障。目前，我国只有一部有关新型农业合作化发展的法律，即 2007 年 7 月 1 日起实施的《中华人民共和国农民专业合作社法》(修订版已于 2018 年 7 月 1 日起实施)，但是，这部法律并未涵盖所有新型农业合作化，而且没有明确的财政支持政策。

(二) 明确目标

要充分发挥财政政策在新型农业合作化中的作用，就要有明确的目标。在国外，收入目标一直都是财政支农的重要目标。近年来，我国"三农"问题更为突出，农业农村发展缓慢，农民生活水平低，应该在新型农业合作化财政政策的制定中将农业增产和农民增收目标

放在举足轻重的地位，并以此为目标调整财政政策。

（三） 加大财政投入力度

对新型农业合作化财政支持的规模并非越大越好，过高的财政支出比重，会产生一些负面效应，增加财政负担，影响国家对其他发展领域的支持力度，制约财政资源的优化配置。借鉴各国经验，一是加大对新型农业合作化的财政投入，加强农村水利灌溉、道路交通、教育、农业科研和推广等方面建设；二是逐步改变和改善现有的价格支持方式，充分利用 WTO 农业协议，将价格支持转变为收入支持，保证农业增产和农民增收。

（四） 突出重点

新型农业合作化财政政策要符合本国的具体国情。在现有财政资金不足的前提下，采用巨额补贴方式显然不适合我国国情，需根据我国新型农业合作化发展的实际情况提供补贴，在必不可少的补贴项目外，可采用贴息、以奖代补等多种形式结合的支出使项目选择恰当，重点突出。同时，不同的地区的经济社会发展不平衡，需要因地制宜、分类指导，从各个不同的区域农业发展实际确定财政支持的重点项目。

（五） 完善税制

一方面要站在国家的、系统的角度制定适合我国国情的新型农业合作化税收政策体系。另一方面要严格限定可以享受税收优惠的合作经济组织，要采用一些指标来衡量合作经济组织是否按其宗旨进行经营；对合作经济组织中属于非营利组织的给予更优惠的税收待遇，可以免除大多数税费。而且，新型农业合作化组织付出或接受捐赠方面的也可以享受一定的税收减免。

（六）加强监管

由监管部门或委托社会中介机构对新型农业合作化的财政资金和税收优惠政策进行专项检查。要定期到新型农业合作化组织中检查财政会计核算是否符合规定。对重要的财政支出，除检查发票外，对形成实物的要盘点，对外购销、对外协作的要看合同。专项检查之后，应形成专项检查报告，对发现的重大问题，应向其发出整改通知，并将检查结果及新型农业合作化的整改情况与今后发放财政资金和是否享受税收优惠政策结合起来。

第五章 我国新型农业合作化 财政政策绩效评价

　　许多国家在工业化过程中，都经历了由农业为工业化提供积累转向对农业进行保护的过程。当今世界发达国家几乎无一例外地实施农业支持政策，从某种意义上说，政府的农业支持政策在相当大程度上集中体现为财政支持。它是国家对农业的直接分配和投资，反映了经济发展过程中政府对农业实行宏观调控的意愿和能力。可以说，任何一国农业的兴衰都可以从其财政支持农业政策的安排中找到根本性的原因。改革开放以来，我国财政支农支出经过了很大的变化，但是缺少有效的实证分析。财政支农支出的效果评价可从农业增产和农民增收等两方面进行分析，其评价结果对于财政支农政策和新型农业合作化财政政策具有重要的意义。目前，我国对于新型农业合作化和其财政政策缺乏统计，很难从全国的角度分析其政策效应。山东省作为全国的一个经济大省，既有东部沿海发达地区又有鲁西和鲁西南等相对贫困地区，既有平原又有丘陵山区，且山东省是全国新型农业合作化最为发达的省份之一。因此，对山东省新型农业合作化财政政策的效应分析，对于准确评价我国新型农业合作化财政政策的效果和今后政策的制定具有重要的参考借鉴意义。

第一节　我国财政支农支出及其效应分析

　　支农支出是国家财政支出的重要组成部分，是国家保护和支持农业发展的重要措施，财政支农可从规模和支出力度两个方面衡量。财政支农支出规模反映了政府对农业财政投入数额的大小；财政支农支出的力度反映了财政支农支出在整个财政支出中的地位和财政投入占农业产值的比重。通过对改革开放以来我国财政支农支出规模、支持力度的总结及效应的实证分析，不但可以科学地评价和分析我国财政支出政策的效果，而且能够有效判断我国财政支农支出规模和结构的合理性，而且在目前针对新型农业合作化统计数据有限的情况下，能够为相关政策的制定提供有益的参考和借鉴。

一、我国财政支农支出的规模分析

通常来讲，研究中主要采用两类指标来描述和衡量财政支农支出规模。一是绝对指标，即财政支农支出总量。二是相对指标，包括财政支农支出占财政总支出的比例，财政支农支出占农业增加值的比例等，本书将这些相对指标代表财政支农支出的力度。

（一）国家财政支农支出总量趋势分析

农林水财政支出表示一个国家在一定时期（通常是一年）内用于农业的财政支出的总额。改革开放以来，我国农林水财政支出总体上呈现出上升趋势，1978 年，我国财政支农支出仅为 150.7 亿元，2015 年达到 17380.49 亿元，是 1978 年数额的 115.3 倍，年均增长在 10%以上。具体情况如表 5.1 所示，按照 2007 年以来新财政预算口径，并在不到 10 年的时间里，我国农林水财政支出翻了两番以上，于 2012 年突破 10000 亿大关，我国农林水财政支出规模呈高速、稳定增长趋势。

表 5.1　　　　　2007～2015 年我国农林水财政支出数额及增长速度

年份	农林水支出（亿元）	增速（%）
2007	3404.7	—
2008	4544.01	33.46
2009	6720.41	47.90
2010	8129.58	20.97
2011	9937.55	22.24
2012	11973.88	20.49
2013	13349.55	11.49
2014	14173.8	6.17
2015	17380.49	22.62

资料来源：《中国农村统计年鉴（2016）》。

　　从近 10 年农林水财政支出的增速来看，如图 5.1 所示，总体呈现出高速稳定、略有波动的趋势。10 年间，大部分年份的增速位于 20% 上下，甚至在 2008 年、2009 年一度达到 33.46%、47.90% 的增速，增速最小年份是 2014 年，为 6.17%，考虑到供给侧结构性调整和财税体制改革导致财政收入总体规模下降，这种增速的略为放缓是正常的，且 2015 年增速又返回到 22.62% 的高速增长水平。

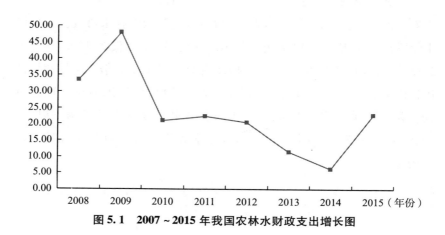

图 5.1　2007～2015 年我国农林水财政支出增长图

（二）财政支农支出增速与国家财政收入增速比较

总体而言，财政支农支出增速与国家财政收入的增速应当同步。如表 5.2 所示，从近 10 年间，绝大多数年份农林水财政支出增速都高于财政收入的增速。2008 年、2009 年农林水财政支出增速是我国财政收入增速的 1.72、4.09 倍；2011、2012 年农林水财政支出增速虽略低于财政收入的增速，但两者之比仍达到了 0.98、0.89，本身仍是22.24%、20.49% 高水平的增长；2013 年、2014 年农林水财政支出增速的放缓明显伴随着财政收入增速放缓的大背景，在 2015 年农林水财政支出增速更是财政收入增速的 3.90 倍。可以看出，农村税费改革之后，国家对农业的投入大幅度增长，体现了国家对农业的重视。

表 5.2　　2007～2015 年财政支农支出增速与财政收入增速比较

年份	农林水财政支出增速（%）（1）	财政收入增速（%）（2）	增速比（1）/（2）
2007	—	32.4	—
2008	33.46	19.5	1.72
2009	47.90	11.7	4.09
2010	20.97	21.3	0.98
2011	22.24	25	0.89
2012	20.49	12.9	1.59
2013	11.49	10.2	1.13
2014	6.17	8.6	0.72
2015	22.62	5.8	3.90

资料来源：《中国统计年鉴（2016）》《中国农村统计年鉴（2016）》。

二、我国财政支农支出的力度分析

财政支农支出的力度衡量主要有两个指标：一是财政支农支出占

同期国家财政总支出的比重，该指标反映了国家对于农业投入的重视程度，即财政农业投入在整个国家财政投入中的地位；二是财政支农支出总量占农业增加值的比重，该指标反映了政府财政支农投入的深度，即财政资金对于农业的增产效应。

（一）财政支农支出占财政总支出的比重分析

我国财政支出与财政支农支出的关系比较密切，两者的相关系数为 0.985[①]。近 10 年以来，国家农林水财政支出一直呈现不断上涨的趋势，但是在国家财政总支出中所占的比重平稳、缓慢增长，2015约占财政总支出的 10%。如表 5.3 所示，近 10 年间，我国财政支农支出占财政总支出的比重平均维持在 9% 左右的水平，2007 年农林水财政支出占财政总支出的 6.84%，以后比重逐年上升到 2015 年的9.88%，虽在 2014 年略有波动，但总体起伏不大仍保持在 9.34% 的水平。

表 5.3　　　　2007~2015 年农林水财政支出与财政总支出比较

年份	农林水财政支出总额 （亿元）	财政支出总额 （亿元）	农林水支出占财政 支出比重（%）
2007	3404.7	49781.35	6.84
2008	4544.01	62592.66	7.26
2009	6720.41	76299.93	8.81
2010	8129.58	89874.16	9.05
2011	9937.55	109247.79	9.10
2012	11973.88	125952.97	9.51
2013	13349.55	140212.1	9.52

---

① 齐林. 我国财政支农支出结构及其优化分析. http：//www. mof. gov. cn/zhengwux-inxi/diaochayanjiu/200807/t20080709_56722. html.

续表

年份	农林水财政支出总额（亿元）	财政支出总额（亿元）	农林水支出占财政支出比重（%）
2014	14173.8	151785.56	9.34
2015	17380.49	175877.77	9.88

资料来源：《中国农村统计年鉴（2016）》。

从图5.2可以看出，近10年以来我国农林水财政支出占财政总支出比重总体呈平稳上升趋势，具有轻微的波动性，2007年以来农林水财政支出占财政总支出比重始终保持缓慢上升的态势，尤其在2010年以后始终保持在9%以上的水平，在2015年已经达到9.88%的水平，2014年比重有轻微下降，但仍占9.34%，影响不显著。

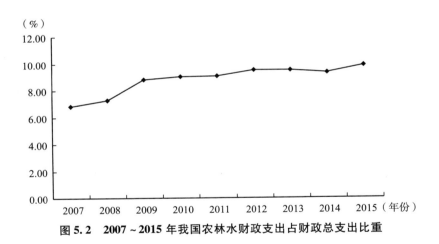

图5.2　2007～2015年我国农林水财政支出占财政总支出比重

（二）财政支农支出占农业增加值的比重

农业增加值表示某年度农业产值比前一年新增加的部分。财政支农支出总量占农业增加值的比重反映出财政资金的效应。表5.4显示，我国农业增加值1978年只有1027.5亿元，2015年增至62911.8

亿元，是 1978 年的 61.2 倍。近 10 年，我国财政支农支出占农业增加值的比重总体上呈现稳步上升的趋势。

表 5.4　　　　　2007~2015 年农林水财政支出占农业增加值的比重

年份	农林水财政支出总额（亿元）(1)	农林牧渔业增加值（%）(2)	(1)/(2)
2007	3404.7	28623.7	11.89
2008	4544.01	33699.1	13.48
2009	6720.41	35223.3	19.08
2010	8129.58	40530	20.06
2011	9937.55	47483	20.93
2012	11973.88	52368.7	22.86
2013	13349.55	56973.6	23.43
2014	14173.8	60165.7	23.56
2015	17380.49	62911.8	27.63

资料来源：《中国农村统计年鉴（2016）》。

从图 5.3 可以看出，近 10 年来我国农林水财政支出占农业增加值

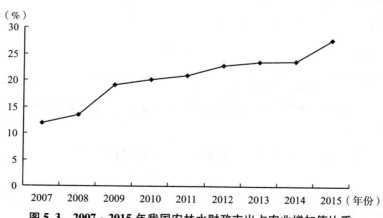

（%）

图 5.3　2007~2015 年我国农林水财政支出占农业增加值比重

比重总体呈持续上升趋势，2007~2009 年增速十分明显，曲线比较陡峭；2010~2014 年，增速保持平稳上升的势头；2015 年增速又有了明显的抬头，我国农林水财政支出对农业的增产效应始终十分明显。

三、我国财政支农支出的效应分析

（一）财政支农支出的效应机理

财政支农支出的效应就是指财政支农支出的对农业产生的影响。财政支农支出的效应主要体现在以下几个方面：

1. 推进农业增产

农业增加值是衡量一个国家农业经济增长水平的重要指标。财政支农支出主要是为农业发展提供充足的公共品，从而弥补市场调节的不足，解决农业领域的"市场失灵"问题，改善农业生产环境和农民生活条件。农村公共品供给可直接作用于农业生产，改善农业生产条件，提高粮食产量，拉动农业增加值的不断增长。

2. 增加农民的收入

受自然因素及其生产条件的影响，农业本身的比较效益低，从事农业生产的农民在初次分配时得到的收益要远远低于从事二、三产业人员的收益水平。农民想要仅仅依靠市场力量增加收入，赶上或接近城市收入，是不可能的。因此，需要政府行使职能，发挥作用，积极缩小城乡收入差距，保障社会的公平分配。

3. 促进农村发展

农村经济发展的根本途径是提高农业生产率，生产率受到很多因素的制约，其中主要是农业基础设施和农业科研，这也是制约我国农村发展的瓶颈。财政的农业投入能够促进农业基础设施建设和农业科技含量，从而促进农村的发展。

（二）财政支农支出对农业增产的效应分析

根据 1978～2015 年的统计资料测算，财政支农支出与农业增加值的相关系数达到 0.89，两者存在高度相关关系。利用 2007～2015 年最新数据，我们可以建立财政支农支出总额（用 AE 表示）与农业增加值（用 AGDP 表示）的回归模型，结果如表 5.5 所示。

表 5.5　　　　财政支农支出与农业增加值的一元回归参数

Dependent Variable：AGDP
Method：Least Squares
Date：04/09/17　Time：11：14
Sample：2007 2015
Included observations：9

Variable	Coefficient	Std. Error	t – Statistic	Prob.
C	20160.04	1749.306	11.52460	0.0000
AE	2.639527	0.160673	16.42793	0.0000
R – squared	0.974718	Mean dependent var		46442.10
Adjusted R – squared	0.971106	S. D. dependent var		12487.01
S. E. of regression	2122.560	Akaike info criterion		18.35176
Sum squared resid	31536813	Schwarz criterion		18.39559
Log likelihood	– 80.58293	Hannan – Quinn criter.		18.25718
F – statistic	269.8770	Durbin – Watson stat		2.038301
Prob（F – statistic）	0.000001			

经检验不存在自相关性和异方差性问题。据此，可以得出农业增加值与财政支农支出间的线性回归方程：

$$AGDP = 20160.04 + 2.639527 \times AE$$

$$(1749.3)　　(0.1606)$$

可以看出，模型拟合优度为 0.97，各参数系数均在 1% 的显著性水平下显著，模型拟合效果良好，参数有效。改革开放以后我国财政支农支出每增加 1 个单位，可使农业增加值增加 2.63 个单位，效果非常明显。

　　进一步利用以上数据，对财政支农支出与农业增加值自然对数一元回归，得到表 5.6；运用广义最小二乘法消除自相关性，得到表 5.7。

表 5.6　财政支农支出与农业增加值自然对数一元回归参数

Dependent Variable：LNAGDP
Method：Least Squares
Date：04/09/17　Time：11：16
Sample：2007 2015
Included observations：9

Variable	Coefficient	Std. Error	t − Statistic	Prob.
C	6. 100583	0. 328117	18. 59268	0. 0000
LNAE	0. 507419	0. 036049	14. 07586	0. 0000
R − squared	0. 965875	Mean dependent var		10. 71171
Adjusted R − squared	0. 961000	S. D. dependent var		0. 282262
S. E. of regression	0. 055742	Akaike info criterion		− 2. 743033
Sum squared resid	0. 021750	Schwarz criterion		− 2. 699206
Log likelihood	14. 34365	Hannan − Quinn criter.		− 2. 837613
F − statistic	198. 1297	Durbin − Watson stat		1. 567914
Prob（F − statistic）	0. 000002			

表 5.7　消除自相关后系数

Dependent Variable：LNAGDP
Method：Least Squares
Date：04/09/17　Time：11：17
Sample（adjusted）：2008 2015
Included observations：8 after adjustments
Convergence achieved after 7 iterations

Variable	Coefficient	Std. Error	t − Statistic	Prob.
C	5. 838566	0. 590314	9. 890616	0. 0002
LNAE	0. 535219	0. 063722	8. 399253	0. 0004

Variable	Coefficient	Std. Error	t – Statistic	Prob.
AR（1）	0.140796	0.411386	0.342247	0.7461
R – squared	0.953797	Mean dependent var		10.76792
Adjusted R – squared	0.935315	S. D. dependent var		0.241971
S. E. of regression	0.061541	Akaike info criterion		– 2.458236
Sum squared resid	0.018936	Schwarz criterion		– 2.428445
Log likelihood	12.83294	Hannan – Quinn criter.		– 2.659161
F – statistic	51.60877	Durbin – Watson stat		2.074625
Prob（F – statistic）	0.000459			
Inverted AR Roots	0.14			

据此，我们可以得出农业增加值与财政支农支出间的线性回归方程：

$$\ln AGDP = 5.838566 + 0.535219 \times \ln AE + 0.1407 \times AR（1）$$
$$（0.5903）\qquad（0.0637）\qquad（0.4113）$$

该结果表明，财政支出每增长 1%，可使农业增加值增长 0.53%。

（三）财政支农支出对农民增收的效应分析

1. 我国农民收入基本概况

目前，衡量农民收入的指标主要是农村居民家庭人均纯收入，指农村住户当年从各个来源得到的总收入相应地扣除所发生的费用后的收入总和。计算方法为：

纯收入 = 总收入 – 税费支出 – 家庭经营费用支出
– 生产性固定资产折旧 – 赠送农村内部亲友支出

农村居民家庭人均纯收入是按人口平均的纯收入，反映了一个国家或一个地区农村居民家庭的人均收入水平。改革开放以来，我国农村居民家庭人均纯收入增长迅速。如表 5.8 所示，1978 年我国农村居民家庭人均纯收入仅为 133.6 元，2012 年就达到 7916.6 元，是 1978 年的 59.26 倍。如果扣除掉价格因素，农村居民家庭人均纯收入的年均增速刚刚超过 8%，低于同期 GDP 和城镇居民家庭人均纯收入的增速。我国农村家庭纯人均收入的变化可以划分为四个阶段：第一阶段从 1978 年至 1984 年，该阶段为农村居民家庭人均纯收入快速

表 5.8　　　　　　　1978～2012 年我国农村居民家庭人均纯收入

年份	农村居民家庭人均纯收入（元）	扣除价格因素增长率（%）	年份	农村居民家庭人均纯收入（元）	扣除价格因素增长率（%）
1978	133.6	—	1996	1926.1	9
1979	160.2	19.2	1997	2090.1	4.6
1980	191.3	16.6	1998	2162	4.3
1981	223.4	15.4	1999	2210.3	3.8
1982	270.1	19.9	2000	2253.4	2.1
1983	309.8	14.2	2001	2366.4	4.2
1984	355.3	13.6	2002	2475.6	4.8
1985	397.6	7.8	2003	2622.2	4.3
1986	423.8	3.2	2004	2936.4	6.8
1987	462.6	5.2	2005	3254.9	6.2
1988	544.9	6.4	2006	3587	7.4
1989	601.5	−1.6	2007	4140.4	9.5
1990	686.3	1.8	2008	4760.6	8
1991	708.6	2	2009	5153.2	8.25
1992	784	5.9	2010	5919.0	14.86
1993	921.6	3.2	2011	6977.3	17.88
1994	1221	5	2012	7916.6	13.46
1995	1577.7	5.3			

资料来源：《中国农村统计年鉴（2015）》。

增长阶段，平均年增长率都在 10% 以上，最高达到 19.2%。这一阶段农村居民家庭人均纯收入的快速增长主要得益于家庭联产承包责任制极大地解放和发展了生产力，调动了生产热情。第二个阶段从 1985 年至 1989 年，该阶段为农村居民家庭人均纯收入增长速度下降期，农村居民家庭人均纯收入的增速从 1984 年的 13.6% 骤降到 1989 年的 −1.6%；第三个阶段从 1990 年到 2003 年，该阶段为农村居民家庭人均纯收入增速稳定期，这一阶段农村家庭人均纯收入增速有高有低，但变化幅度不大。增速最高的年份为 1996 年，最高增速为 9%；增速最低的年份为 1990 年，最低增速为 1.8%。第四阶段从 2004 年以后，这一阶段为农村居民家庭人均纯收入的恢复增长期，2004 年到 2012 年 8 年间平均增长率为 10.26%。可以看出，随着各种支农惠农政策的实施，特别是农村税费改革的深入，农民增收效果不错。

我国农村居民家庭人均纯收入包括工资性收入、家庭经营纯收入、转移性收入和财产性收入四种。改革开放以来，我国农村居民家庭人均纯收入构成中，除了 1980 年和 1981 年，其余 29 年的农村居民的工资性收入和家庭经营收入所占比重都在 90% 以上。农村居民家庭人均纯收入的构成也发生了相当的变化。从统计结果来看，1978 年至 1982 年 5 间，工资性收入在农村居民家庭人均纯收入的中占半壁江山，但是呈现下降的趋势，其原因在于改革开放刚刚开始，农民的其他增收途径非常少。1983 年，家庭经营纯收入首次超过了工资性收入，而且高达 73.5%，反映出农村经济的日益活跃，1983 年以后，家庭经营纯收入在农村居民家庭人均纯收入所占的比重一直最高，虽然 20 世纪 90 年代后期开始，这一比重呈现出逐步下降的趋势，但仍占 50% 以上；与之相对应，这一时期工资性收入的比重开始缓慢提高。转移性收入在农村居民家庭人均纯收入的比重 30 余年一直所占比重很低，大部分年份占不到 5%。统计中的财产性收入出现于 1993 年，但所占比重一直很低，只是在 2007 年以后才占到了农村居民家庭人均纯收入的 3% 以上（见表 5.9）。

表 5.9 　　1978～2012 年我国农村居民家庭人均纯收入结构表

年份	工资性收入（元）	比重（%）(1)	家庭经营纯收入（元）	比重（%）(2)	转移性收入（元）	比重（%）(3)	财产性收入（元）	比重（%）(4)
1978	88.3	66.09	35.8	26.80	9.5	7.11		
1979	100.7	62.86	44.0	27.47	15.5	9.67		
1980	106.4	55.62	62.6	32.72	22.4	11.66		
1981	113.8	50.94	84.5	37.82	25.1	11.24		
1982	142.9	52.91	102.8	38.06	24.5	9.03		
1983	57.5	18.56	227.7	73.50	24.6	7.94		
1984	66.5	18.72	261.7	73.66	27.2	7.62		
1985	72.2	18.16	296.0	74.45	29.5	7.42		
1986	81.6	19.25	313.3	73.93	28.9	6.82		
1987	95.5	20.64	345.5	74.69	21.6	4.67		
1988	117.8	21.62	403.2	74.00	24.0	4.40		
1989	136.5	22.69	434.6	72.25	30.5	5.07		
1990	138.8	20.22	518.6	75.56	29.0	4.23		
1991	151.9	21.44	523.6	73.89	33.0	4.66		
1992	184.4	23.52	561.6	71.63	38.0	4.85		
1993	194.5	21.10	678.5	73.62	41.6	4.51	7.0	0.76
1994	263.0	21.54	881.9	72.23	47.6	3.90	28.6	2.34
1995	353.7	22.42	1125.8	71.36	57.3	3.63	41.0	2.60
1996	450.8	23.40	1362.5	70.74	70.2	3.64	42.6	2.21
1997	514.6	24.21	1472.7	70.46	79.3	3.79	23.6	1.13
1998	537.6	24.87	1466.0	67.81	92.0	4.26	30.4	1.41
1999	630.3	28.52	1448.4	65.53	100.2	4.53	31.6	1.43
2000	702.3	31.17	1427.3	63.34	78.8	3.50	45.0	1.99

续表

年份	工资性收入（元）	比重（%）(1)	家庭经营纯收入（元）	比重（%）(2)	转移性收入（元）	比重（%）(3)	财产性收入（元）	比重（%）(4)
2001	771.9	32.62	1459.6	61.68	87.9	3.71	47.0	1.99
2002	840.2	33.94	1486.5	60.05	98.2	3.97	50.7	2.05
2003	918.4	35.02	1541.3	58.78	96.8	3.69	65.8	2.51
2004	998.5	34.00	1745.8	59.45	115.5	3.93	76.6	2.61
2005	1174.5	36.08	1844.5	56.67	147.4	4.53	88.5	2.72
2006	1374.8	38.33	1931.0	53.83	180.8	5.04	100.5	2.80
2007	1596.2	38.55	2193.7	52.98	222.2	5.37	128.2	3.10
2008	1853.7	38.94	2435.6	51.16	323.2	6.79	148.1	3.11
2009	2061.3	40.00	2526.8	49.03	398	7.72	167.2	3.24
2010	2431.1	41.07	2832.8	47.86	452.9	7.65	202.3	3.42
2011	2963.4	42.47	3222.0	46.18	563.3	8.07	228.6	3.28
2012	3447.5	43.55	3533.4	44.63	686.7	8.67	249.1	3.15

注：比重（1）、比重（2）、比重（3）、比重（4）分别表示工资性收入、家庭经营纯收入、转移性收入和财产性收入占农村家庭居民人均纯收入的比重。
资料来源：《中国统计年鉴（2015）》。

2. 财政支农支出对增加农民收入的效应

由于 2007 年财政统计口径的变化及 2012 年以后农民居民家庭人均纯收入数据不可得，为了分析我国财政支农支出规模对农民收入的影响，本书采用 2007 ～ 2012 年农村居民家庭人均纯收入（Y）为被解释变量，农林水财政支出额（AE）为解释变量，建立一元回归模型：

$$\ln Y = c + \beta \ln AE + \varepsilon$$

根据表 5.1 和表 5.9 所统计的数据，代入模型中，得到初次估计结果，如表 5.10 所示。

表 5. 10　　　　人均纯收入与支农支出的一元回归参数

Dependent Variable：LNY
Method：Least Squares
Date：04/10/17　Time：16：46
Sample：2007 2012
Included observations：6

Variable	Coefficient	Std. Error	t − Statistic	Prob.
C	4. 261875	0. 503631	8. 462300	0. 0011
LNAE	0. 496285	0. 056983	8. 709356	0. 0010
R − squared	0. 949908	Mean dependent var		8. 642851
Adjusted R − squared	0. 937385	S. D. dependent var		0. 242832
S. E. of regression	0. 060764	Akaike info criterion		− 2. 502444
Sum squared resid	0. 014769	Schwarz criterion		− 2. 571857
Log likelihood	9. 507331	Hannan − Quinn criter.		− 2. 780312
F − statistic	75. 85287	Durbin − Watson stat		1. 389400
Prob（F − statistic）	0. 000957			

消除自相关得到表 5. 11。

表 5. 11　　　　消除自相关的参数

Dependent Variable：LNY
Method：Least Squares
Date：04/10/17　Time：16：46
Sample（adjusted）：2008 2012
Included observations：5 after adjustments
Convergence achieved after 13 iterations

Variable	Coefficient	Std. Error	t − Statistic	Prob.
C	3. 662186	1. 597839	2. 291962	0. 1490
LNAE	0. 562129	0. 175827	3. 197065	0. 0855
AR（1）	0. 215143	0. 712045	0. 302149	0. 7911
R − squared	0. 932823	Mean dependent var		8. 705712
Adjusted R − squared	0. 865646	S. D. dependent var		0. 209936

Variable	Coefficient	Std. Error	t – Statistic	Prob.
S. E. of regression	0. 076951	Akaike info criterion		– 2. 007599
Sum squared resid	0. 011843	Schwarz criterion		– 2. 241936
Log likelihood	8. 018997	Hannan – Quinn criter.		– 2. 636537
F – statistic	13. 88604	Durbin – Watson stat		2. 060126
Prob（F – statistic）	0. 067177			
Inverted AR Roots	0. 22			

据此，可以得出农民居民家庭人均纯收入与财政支农支出总量间的线性回归方程：

$$\ln Y = 3.6621 + 0.5621 \times \ln AE + 0.215143 \times AR$$
$$(1.5978) \quad (0.1758) \qquad\qquad (0.7120)$$

检验结果表明，改革开放以来，我国 2007 年至 2012 年间的财政支农支出每增加 1%，农村居民家庭人均纯收入提高 0.56%。因此，我国财政支农支出的增加对增加农村居民家庭人均纯收入具有明显的正的效应，进一步增加财政支农支出有利于促进农民收入的提高。

第二节　我国新型农业合作化财政政策效应分析
——以山东省为例

一、山东省新型农业合作化发展状况

山东省新型农业合作化大体经历了 20 世纪 80 年代的自发萌芽阶段、20 世纪 90 年代的起步探索阶段和 21 世纪以来的快速发展阶段。20 世纪 80 年代，随着农村家庭联产承包责任制的推行，山东省各地开始出现具有合作经济性质的农村专业技术协会。进入 20 世纪 90 年代以后，农业市场化和产业化发展迅速，山东省政府确立了以合作制推进农业产业化的工作思路，随即在烟台等农业较发达的地区涌现出一大批新型农业合作化组织。近几年来，各级政府对发展新型农业合作化的认识进一步提高，引导和扶持力度进一步加大，新型农业合作化进入快速发展阶段。2010 年 3 月 31 日，山东省第十一届人民代表大会常务委员会第十六次会议通过了《山东省农民专业合作社条例》并于 2010 年 5 月 1 日起实施，山东省的新型农业合作化进入了一个新的发展阶段。

（一）山东省新型农业合作化的特点①

1. 组织类型多样化

长期以来，由于法律地位缺失，山东的新型农业合作化大多是以专业协会的形式存在和发展。山东省人大常委会 2007 年的一项抽样调查表明，山东省新型农业合作化具有组织多样性、登记部门多、管理层次多、兴办主体多等特征。具体情况见表 5.12。

2007 年《中华人民共和国农民专业合作社法》的出台和实施，明确了农村专业合作社的法人地位，促进了山东省新型农业合作化的快速发展，限于统计资料，目前只有关于登记的农民专业合作社的数量，截至 2016 年底，山东省实有农民专业合作社 174260 户，出资额 43480812.3 万元，成员 4999229 个，其中 2016 年新登记 20499 户，新增出资额 6323698.17 万元，新增成员数 378751 个。

2. 合作领域逐步拓宽

近年来，山东省新型农业合作化的合作范围不断扩大，内容日益丰富，服务功能日臻健全。一是从成员分布区域来看，由主要集中在一个村或一个乡镇，逐渐发展至跨县市；二是从合作范围来看，从单

---

① 山东省人大农业与农村委员会. 关于我省农民专业合作组织发展情况的调研报告[R]. http://www.sdrd.gov.cn/communiqueComm + 10 + 27/5779.jhtml.

表 5.12 　山东省新型农业合作化调查统计表

类别	名称	户数（家）	比例（%）
组织形式	专业协会	1695	73.7
	合作社	542	23.6
	其他	63	2.7
登记部门	民政	1186	51.6
	工商	267	11.6
	其他	847	36.8
管理层次	市县	623	27.1
	乡镇	1050	45.6
	村	627	27.3
兴办主体	农民	1336	58.1
	村委	258	11.2
	企业	226	9.8
	事业	382	16.6
	其他	97	4.2

纯的农业生产经营，逐步拓展到农村用水、农机作业、资源开发、资金互助等方面。生产经营范围已从传统的技术推广、农资供应、销售服务，逐渐拓展到产前、产中、产后一条龙服务，并向农工贸一体化经营；三是从合作的生产要素看，合作社由一般的资金加入，发展到可以由劳务、固定资产、土地经营权，技术等加入。

3. 运作程序简单，区域特色显著

目前，山东省多数新型农业合作化组织运行程序简便，大多没有专职人员。成员在生产经营季节聚在一起商讨合同签订和种植（养殖）计划，经营业务以理事长为主负责联系筹划。收益主要按照与公司（超市、企业、固定客商等）的交易额进行全额分配，多数合作经济组织没有利润提成和公益金。大部分新型农业合作化组织的核心人员都是种植或养殖大户，除获得交易产品利润外，一般不在合作经济组织领取报酬，属于义务服务性管理人员。从分布情况看，山东省新型农业合作化组织具有明显的区域特色性，经营范围大多体现了当地的特色产品。

4. 辐射带动能力日益增强

随着市场经济的发展和各种扶持政策的实施，山东省的新型农业合作化组织的自身实力不断增强。从出资方式看，以货币出资为主，2009 年底山东省农民专业合作社实有货币出资 189.6 亿元，占出资总额的 88.9%。从成员类别看，以农民成员为主，农民成员 25.8 万人，占成员总数的 96.9%。自身实力的增强使其辐射区域不断扩大，带动能力日益增强，许多新型农业合作化组织已由乡镇、村为主，逐步向相关乡镇、村辐射，有些已开始跨县、跨市进行合作、经营。新型农业合作化组织之间的联合步伐也进一步加快，横向一体化和纵向一体化发展迅速，逐步形成了一批区域性的新型农业合作化联合会（社）和一批产业性的农产品行业协会。截至 2007 年，山东省已建立农产品行业协会近 700 家，有 90 多个县建立了农民专业合作经济组织联合会（社），带动起一个产业和一方经济。

（二）山东省新型农业合作化的发展趋势

第一，向贸工农一体化、产加销一条龙发展，走产业化经营的路子。这对于目前有些经济实力强的新型农业合作化组织自己办农产品加工企业，而有些没条件、没能力办农产品加工企业，只能选择与农产品加工龙头企业联合，出现"公司＋合作社＋农户"或"农户＋合作社＋公司"等形式。这两种形式的共同特点是抓住了利益联结机制这个核心问题，对如何完善产业化经营体制提供了成功案例。

第二，山东省新型农业合作化组织发展初期，一般是以技术、信息服务为主的简单联合，属于比较松散的合作经济组织，没有固定的联合方式，容易解体。《农民专业合作社法》实施后，山东省许多新型农业合作化组织逐渐由单一的劳动联合走向劳动与资本的双重联合，由松散联合走向紧密联合，逐步走向生产、加工、销售等多个环节的全面合作，成为独立的生产经营实体。在此基础上与龙头企业对接整合，以劳动、资金、土地经营权等参股龙头企业，或者自办加工项目，组建合作制龙头企业，真正形成贸工农一体的产业化经营体系。

第三，经营范围突破行政区划、所有制界限。新型农业合作化组织把各种生产要素聚集起来，按产品组织生产，使家庭经营走向规模种植、规模养殖，进而实现产加销一体化经营，为发展现代化大农业开辟了新路子。

第四，日益承担起联系政府和农民的桥梁纽带作用。新型农业合作化组织在一定程度上弥补了当前农村行政管理方面的薄弱环节，有效地促进了农业政策的落实，推动了乡镇涉农机构的转型，发挥了内部自律和维权作用，已经在农民与政府、企业、市场之间发挥了重要的纽带作用。随着农村市场经济的发展，新型农业合作化组织的中介作用日益突出，应当充分发挥其带动农民、组织农民、培训农民、带领农民发展农村经济的作用。

二、山东省新型农业合作化的财政政策

多年以来，山东省委、省政府始终把引导和支持新型农业合作化发展作为"三农"工作的重要内容，认真研究，精心指导，不断加大扶持力度，先后出台了一些地方性法规和指导意见。1995 年，山东省政府即确立了以合作制推进农业产业化的工作思路。1999 年，山东省政府出台了《关于加快发展农村合作经济组织的意见》。

2004 年 8 月，山东省财政厅出台了《山东省财政支持农民专业合作组织发展资金管理办法》。财政支持新型农业合作化发展资金支持的对象，须是立足农村、源自农民、真正服务于农民的各类新型农业合作化组织，重点扶持农民专业合作社。财政扶持的新型农业合作化组织应符合下列条件：（1）专业合作社。第一，在工商部门注册登记一年以上，取得《农民专业合作社法人营业执照》，成员不少于 100 个，有固定的办公、服务场所以及必要的办公设施设备等。第二，具有比较规范的财务管理制度，以及较为完善的自我发展机制、民主管理决策机制和利益分配机制。可分配盈余按交易量（额）比例返还给成员达到 60% 以上。第三，具有较强的服务能力、健全的服务网络，与成员在市场信息、业务培训、技术指导和产品营销等方面具有稳定的联系，能有效地为成员提供专业服务。合作社成员主要生产资料统一购买率、主产品统一销售率和标准化生产率均达到 60% 以上。第四，围绕主导产业或特色产业成立，符合山东省优势农产品区域布局规划，具有良好的经营业绩、市场前景和预期效益。第五，带动农民增收作用大，农户加入合作社后年收入比加入前、比当地未参加农户均有明显增加。（2）专业协会，重点是合作经济组织联合会、行业协会和农民用水户协会。第一，在民政部门登记注册 2 年以上。有单位会员的，单位会员不少于 10 个；会员全为个人的，个人会员不少于 150 个。农民用水户协会登记注册一年以上，会员条

件可适当放宽。第二，具有比较规范的财务管理制度，以及较为完善的自我发展机制、民主管理决策机制和利益分配机制。有固定的办公、服务场所以及必要的办公设施设备等。第三，服务能力较强，能有效地为成员提供专业服务，维护行业、农民和企业的合法权益。第四，农民用水户协会主要包括引黄灌区农民用水灌溉协会、山丘区水利联合体、村村通自来水工程涉及的供水协会，必须具有一定规模，其中灌溉协会管理和控制面积不少于 2000 亩，供水协会团体会员（行政村）不少于 5 个。《管理办法》规定财政支持新型农业合作化组织发展资金重点支持的范围：开展专业技术、市场营销、管理培训和提供信息服务；雇请专家、技术人员提供管理和技术服务；引进新品种和推广新技术；组织标准化生产；从事农产品粗加工、整理、储存和保鲜等生产经营活动；获得认证、品牌培育、检验检测、营销和行业维权等服务。开展贷款担保、资金互助、合作保险等业务；开展土地承包经营权流转，发展适度规模经营。财政支持新型农业合作化组织主要通过以奖代补形式给予直接补助。对合作社因自身业务发展贷款、合作社或协会做担保为成员农户贷款，以及合作社兴办的农产品加工龙头企业贷款，给予贴息补助。

2005 年 12 月 31 日，山东省委、省政府下发了《关于鼓励和引导农民专业合作经济组织发展的意见》，明确规定：各级财政要像扶持农业产业化龙头企业那样扶持新型农业合作化组织，每年在财政支农预算中安排一定资金支持合作经济组织发展。农业产业化、标准化、信息化、农业综合开发等资金，也应积极支持合作经济组织发展。财政资金重点支持合作经济组织加强设施建设，开展信息服务、骨干培训、技术培训，引进推广新品种、新技术，农产品质量标准认证，市场营销等。新型农业合作化组织为农业生产的产前、产中、产后开展技术服务或劳务所取得的收入，可按有关税收政策免征企业所得税；对其分级、整理、初级加工、包装等不改变产品形状的农产品，视为自产自销农产品；对直接用于农、林、牧、渔业的生产用地，免征土地使用税。农民专业合作经济组织兴办的发展潜力大、技术含量高、带动能力强、市场前景好的中小型农产品加工流通企业，纳入农业产业化龙头企业扶持范围。

2010 年 5 月 1 日起开始实施的《山东省农民专业合作社条例》规定：农民专业合作社专项扶持资金随着经济发展逐步增加；县级以上人民政府应当设立农民专业合作社专项扶持资金，并采取直接补助、贷款贴息等方式，支持农民专业合作社开展信息咨询、培训、农产品质量标准与认证、农业生产基础设施建设、市场营销和技术推广等服务；办理农民专业合作社设立、变更或者注销登记、税务登记、组织机构代码证、项目环境影响评价等事项，有关部门应当提供便捷服务并不得收取任何费用。

从 2002 年开始，山东省各级财政部门设立专项资金，对新型农业合作化给予大力扶持。目前，山东省各级财政每年支持合作经济组织的专项资金总额达到 1 亿多元。单就省级财政来看，每年筹集的支持新型农业合作化的资金由 2010 年的 1000 万元增加到 2015 年的 6500 多万元。近年来，山东省对于新型农业合作化（不包括专业协会）财政投入情况见表 5.13。

表 5.13　　　　山东省财政支持新型农业合作化资金分配汇总　　　单位：万元

	2010 年	2011 年	2012 年	2013 年	2014 年	2015 年	合计
济南	70	135	205	280	415	470	1575
淄博	75	120	155	285	340	360	1335
枣庄	65	120	170	255	380	415	1405
东营	65	180	190	260	275	325	1295
烟台	50	195	280	405	505	565	2000
潍坊	75	185	295	415	490	570	2030
济宁	75	165	240	345	400	465	1690
泰安	75	165	230	315	355	385	1525

续表

	2010 年	2011 年	2012 年	2013 年	2014 年	2015 年	合计
威海	60	150	205	275	325	345	1360
日照	35	90	155	245	235	260	1020
临沂	70	85	145	175	250	500	1225
德州	65	155	160	285	400	500	1565
聊城	60	140	240	315	380	383	1518
滨州	60	130	220	335	400	490	1635
菏泽	70	105	160	275	365	425	1400
莱芜	30	110	155	200	230	297	1022
合计	1000	2230	3205	4665	5745	6755	23600

资料来源：山东省财政厅。

山东省确定了一套适合山东实际的新型农业合作化财政资金投放标准，以 2010 年山东省确定的标准为例，有如下几个方面：

第一，基本原则。一是扶优扶强。重点扶持规模较大，对社（会）员服务能力和产业带动能力强的农业合作化组织。二是典型示范。支持创建一批有较大影响力的农民专业合作社，为全省农民专业合作组织发展提供示范引领。三是突破关键。对制约合作组织健康发展的瓶颈问题重点扶持，集中突破。四是创新机制。实行财政直接补助与贴息补助相结合，支持新型农业合作化组织开展农产品产加销经营活动，并向贷款担保、资金互助、合作保险、土地流转等新领域拓展。

第二，扶持对象。2010 年，山东省财政重点支持农民专业合作社和专业协会（包括合作组织联合会、行业协会、农民用水户协会，重点扶持农民用水户协会，对一般性专业协会不予扶持）。申请省财政扶持的农民专业合作组织应满足以下条件：（1）示范合作社。需满足如下条件：一是 2009 年 3 月 31 日前在工商部门登记注册，取得《农民专业合作社法人营业执照》，成员农户不少于 100 户，有固定的办公及服务场所，有必要办公设施设备等。二是运行机制合理，符合"民办、民管、民受益"原则，有规范的章程和内部管理制度；产权明晰，实行独立的会计核算，财务公开，收益分配制度健全。可分配盈余按交易量（额）比例返还给成员达到60%以上。三是服务能力较强，与成员在市场信息、业务培训、技术指导和产品营销等方面具有稳定的联系，能有效地为成员提供专业服务。合作社成员主要生产资料统一购买率、主产品统一销售率和成员的标准化生产率均达到60%以上。四是合作社围绕主导产业、主导产品或特色产业、特色产品而建立，具有良好的经营业绩、市场前景和预期效益。五是带动农民增收作用大，成员农户加入合作社后年收入比加入前增长10%以上，合作社成员农户人均收入比当地未参加合作社农户高30%以上。（2）重点示范合作社。除具备示范合作社的条件外，还应具备规模大、股权合理、组织严密、管理民主、内控制度健全、盈利能力强、社员增收明显等条件，其中盈余主要按交易量（额）进行分配，比例达到70%，并带动周边非社员农民增收。对获得无公害农产品、绿色食品、有机食品认证标志或地理标志认证，获得中国农业名牌等知名商标品牌称号，产品出口取得外汇收入，以及从事贷款担保、资金互助、合作保险、土地流转的合作社优先安排。（3）专业协会。一是2008年3月31日以前登记注册。有单位会员的，单位会员不少于10个；会员全为个人的，个人会员不少于150个。农民用水户协会在2009年3月31日以前登记注册，会员条件可适当放宽。二是组织架构完善、制度健全、功能作用到位，日常工作制度化、规范化，有固定的办公场所和兼、专职工作人员，有实质性的工作内容。三是服务能力较强，能够维护行业、农民和企业的合法权益。在农业先进技术引进与推广、农业生产资料规模化购买、农产品加工和销售、市场信息提供等方面发挥协调和服务作用。四是农民用水户协会主要包括引黄灌区农民用水灌溉协会、山丘区水利联合体、村村通自来水工程涉及的供水协会，必须具有一定规模，其中灌溉协会管理和控制面积不少于 2000 亩，供水协会团体会员（行政村）不少于 5 个。小型农田水利重点县项目区的农民用水户协会优先安排。

第三，扶持环节。重点支持合作社或专业协会开展专业技术、市场营销、管理培训和提供信息服务；雇请专家、技术人员提供管理和技术服务；引进新品种和推广新技术；组织标准化生产；获得认证、品牌培育、检验检测、营销和行业维权等服务；从事农产品粗加工、整理、储存和保鲜等生产经营活动；开展贷款担保、资金互助、合作保险等业务；开展土地承包经营权流转，发展适度规模经营。支持农民用水户协会开展农村节水、灌溉、供水和水费计收技术推广，水利管理设施建设及计量设施建设等。

第四，扶持方式及标准。（1）直接补助。示范合作社，每个补助 10 万 ~ 15 万元（资金互助型合作社按最高限额补助）；重点示范合作社，每个补助 20 万 ~ 40 万元；专业协会，县级每个补助 10 万 ~ 15 万元，省级每个补助 20 万 ~ 40 万元。（2）贷款贴息。主要对合作社因自身业务发展贷款、合作社或协会做担保为社员农户贷款，以及合作社兴办的农产品加工龙头企业贷款，给予贴息补助。贴息标准为：贷款期限超过半年（不含半年）的，按中国人民银行规定的同期一年期流动资金贷款基准利率确定，不到半年（含半年）的，按中国人民银行规定的同期半年期流动资金贷款基准利率确定。贴息期限最长按一年计算，不足一年的按实际贷款计息期限确定。最高不超过 50 万元。

三、山东省新型农业合作化财政政策效应分析

2007 年《农民专业合作社法》实施以来，在包括财政政策在内的各种政策支持下，山东省的新型农业合作化获得了迅速发展。目前关于山东省新型农业合作化组织的数据能搜集到农民专业合作社

（见表5.14），专业协会的数据无法获得。

表5.14　　　　　　　山东省全省农民专业合作社基本情况

年份	期末实有户数（户）	出资总额（万元）	成员总数（个）	本期新登记户数（户）	本期新增出资总额（万元）	本期新增成员总数（个）
2010	43331	4219330.4	422988	17656	1984438.59	148157
2011	56552	6925009	558859	13245	2534267	123241
2012	70336	10454315	74289	13819	3284266	166067
2013	98869	18500389	1183273	28533	8046074	1108984
2014	131554	30221091.54	2938022	32685	11720702.54	1754749
2015	153761	37157114.13	4620478	22207	6936022.59	1682456
2016	174260	43480812.3	4999229	20499	6323698.17	378751

资料来源：山东省工商行政管理局2011~2017年年报。

（一）财政支出政策对山东省新型农业合作化的效应分析

财政支出的增加是山东省新型农业合作化得以迅速发展的保证。财政支出政策效应的衡量可以从农业增产和农民增收两个方面衡量。从统计数据看，近几年山东省农林牧渔业的增速明显（见表5.15）。

根据2010~2015年的统计资料测算，山东省对农民专业合作社的财政支出增加额和农林牧渔增加值之间存在较高的相关关系。利用表5.13和表5.15中的关数据，我们可以建立农林牧渔财政支出增加额（Y用表示）与出农林牧渔增加额（用X表示）的回归模型。

$$Y = \alpha + \beta X + \upsilon$$

其中，α、β为待估计的参数，υ为干扰项。

财政支出增加额和农林牧渔增加额的一元回归参数如表5.16所示。

表5.15　山东省各市农林牧渔增加值及增速统计

	2010年		2011年		2012年		2013年		2014年		2015年	
	增加值(10亿元)	增速(%)	增加值(10亿元)	增速(%)	增加值(10亿元)	增速(%)	增加值(10亿元)	增速(%)	增加值(10亿元)	增速(%)	增加值(10亿元)	增速(%)
济南	21.52	15.02	23.79	10.54	25.29	6.33	28.47	12.57	29.91	5.06	31.50	5.31
青岛	27.70	20.30	30.64	10.61	32.44	5.89	35.22	8.58	36.26	2.93	37.91	4.55
淄博	10.53	19.84	11.67	10.88	12.38	6.00	13.78	11.34	14.38	4.36	14.87	3.42
枣庄	11.76	13.25	12.64	7.52	13.30	5.22	14.98	12.64	15.61	4.19	16.30	4.41
东营	8.74	16.92	9.92	13.51	10.43	5.20	11.72	12.32	12.40	5.80	12.67	2.18
烟台	33.45	17.00	36.14	8.05	37.73	4.39	42.10	11.58	44.13	4.82	45.73	3.64
潍坊	33.05	9.45	35.93	8.71	39.05	8.70	43.31	10.90	45.62	5.34	47.64	4.41
济宁	32.04	18.49	35.11	9.59	37.20	5.93	41.89	12.63	44.33	5.82	46.76	5.47
泰安	19.53	14.67	21.50	10.08	23.30	8.40	26.01	11.61	27.14	4.34	28.19	3.88
威海	15.39	12.90	17.12	11.20	18.01	5.22	20.35	12.97	21.45	5.42	22.47	4.75
日照	10.03	14.80	11.21	11.79	11.76	4.96	13.15	11.74	13.93	6.00	14.74	5.78
莱芜	3.86	27.19	4.12	6.65	4.42	7.34	4.93	11.63	5.32	7.72	5.33	0.29
临沂	26.40	5.41	27.90	5.68	29.13	4.42	32.43	11.31	34.08	5.10	35.72	4.79
德州	21.05	98.04	22.96	9.06	24.44	6.45	27.35	11.93	28.90	5.66	30.71	6.27
聊城	22.16	11.59	23.88	7.75	25.78	7.95	28.71	11.38	31.08	8.25	32.37	4.14
滨州	15.55	14.38	17.81	14.53	18.95	6.42	21.10	11.35	22.14	4.93	22.96	3.70
菏泽	22.02	7.30	22.80	3.57	24.10	5.69	25.50	5.81	26.50	3.92	27.49	3.74
合计	358.83		397.38		428.17		474.26		499.29		518.29	

资料来源：根据《山东统计年鉴》（2009～2016年）相关数据计算得出。

表 5. 16　　　财政支出增加额和农林牧渔增加额的一元回归参数

Dependent Variable：Y?
Method：Pooled Least Squares
Sample：2010 2015
Included observations：5
Number of cross – sections used：16
Total panel（balanced）observations：80

Variable	Coefficient	Std. Error	t – Statistic	Prob.
C	11. 78928	4. 029108	2. 926028	0. 0045
X?	0. 189129	0. 049181	3. 845566	0. 0002
R – squared	0. 159377	Mean dependent var		25. 39475
Adjusted R – squared	0. 148600	S. D. dependent var		18. 68732
S. E. of regression	17. 24304	Sum squared resid		23191. 16
F – statistic	14. 78838	Durbin – Watson stat		1. 581022
Prob（F – statistic）	0. 000244			

据此，可以得出山东省农民专业合作社财政支出增加额和农林牧渔增加额之间的线性回归方程：

$$Y = 11. 789 + 0. 189X$$
$$(2. 926)　　(3. 846)$$

该结果表明，山东省对农民专业合作社的财政支出每增长 1 个单位，可导致农林牧渔增加值增长 0. 189 个单位，其效果非常明显。

从山东省农村住户人均收入的统计来看，近几年的增速明显（见表 5. 17）。

（二）税收政策对山东省新型农业合作化的效应分析

为了分析税收政策对新型农业合作化的影响，根据网上和山东省财政厅收集资料和数据，选取了山东省济南、烟台、潍坊和聊城四市的 100 个新型农业合作化组织，发放了调查问卷。共收回调查问卷 82 份（其中 6 份废卷，76 份有效问卷）。调查问卷的分析如下：

表 5.17　　山东省农村住户人均纯收入及构成

年份	人均纯收入及增速		(一)工资性收入及增速		(二)财产性收入及增速		(三)家庭经营收入及增速		(三)转移性纯收入及增速	
	人均纯收入(元)	增速(%)	工资性收入(元)	增速(%)	财产性收入(元)	增速(%)	家庭经营纯收入(元)	增速(%)	转移性纯收入(元)	增速(%)
2004	3507.43		1178.32		64.92		2147.47		116.71	
2005	3930.55	12.06	1437.57	22.0	102.80	58.35	2258.05	5.15	132.13	13.21
2006	4368.33	11.14	1671.54	16.28	127.60	24.12	2409.78	6.72	159.40	20.64
2007	4985.34	14.12	1950.78	16.71	144.32	13.10	2700.55	12.07	189.69	19.0
2008	5641.43	13.16	2263.46	16.03	163.93	13.59	2962.96	9.72	251.07	32.36
2009	6118.77	8.46	2496.57	10.30	196.11	19.63	3129.28	5.61	296.81	18.22
2010	6990.28	14.24	2958.06	18.48	238.29	21.51	3456.89	10.47	337.04	24.92
2011	8342.1	19.34	3715.3	25.60	246.4	3.40	3935.2	13.84	445.2	32.09
2012	9446.4	13.24	4383.2	17.98	257.2	4.38	4234.4	7.60	571.6	28.39
2013	10619.9	12.42								
2014	11809.4	11.20								
2015	12848.6	8.80								

资料来源：根据《山东统计年鉴》（2009～2016 年）相关数据计算得出。

从新型农业合作化组织的基本情况来看，82 家组织中：合作社型 38 家，占 46.34%，非营利型 43 家，占 53.66%；在民政部门登记的 50 家，占总数的 60.98%；在工商部门登记的 18 家，占21.95%；在农口、供销、科协等部门备案的 14 家，占 17.07%。调查的新型农业合作化组织中，有 40 家从事传统种植业和养殖业，其中从事种植业的 22 家，从事养殖业的 18 家，占总数的 48.78%；有24 家新型农业合作化组织从事产加销一体化经营，占总数的29.27%；有 18 家新型农业合作化组织从事农村用水、农机作业、农村沼气、农资供应等社会化服务，占总数的 21.95%。负责人中农民的有 75 家，占总数的 91.46%，企业代表的有 4 家，占总数的4.88%，其他的 3 家，占总数的 3.66%。

从与新型农业合作化有关的税收政策来看，82 家组织中：政府的扶持力度，农民感受最深的是提供了贷款，占 69.9%，其次是人才和技术培训（占 43.4%）、税收减免（占 42.2%）、财政补助（占36.9%）、土地和其他物资（占 26.7%）。从新型农业合作化税收政策的具体分析来看：大部分农村专业合作社对于享受的税收优惠政策有所了解，但是了解得不够深入；税收政策的作用对于新型农业合作化的发展有一定的作用，但不是最重要的；新型农业合作化税收政策的宣传还不是很到位；税收优惠力度小是造成上述问题的主要原因。具体的税收政策统计见表 5.18。

表 5.18　税收政策对山东省新型农业合作化的效应调查问卷统计

问题	选项及数量、比例							
	选项 1		选项 2		选项 3		选项 4	
	数量（家）	比重（%）	数量（家）	比重（%）	数量（家）	比重（%）	数量（家）	比重（%）
是否知道可享受税收优惠	76	92.68	6	7.32				
办理税收减免了解程度	8	9.76	17	20.73	31	37.8	26	31.71

问题	选项及数量、比例							
	选项 1		选项 2		选项 3		选项 4	
	数量（家）	比重（%）	数量（家）	比重（%）	数量（家）	比重（%）	数量（家）	比重（%）
为什么没有办理税收减免	10	12.2	15	18.29	8	9.76	8	9.76
是否清楚现行税收政策	6	7.32	18	21.95	47	57.32	11	13.41
税收政策的作用	2	2.44	15	18.29	61	74.39	4	4.88
税收政策存在的问题	20	24.39	7	8.54	52	63.41	3	3.66
哪项政策作用大	14	17.07	50	60.98	13	15.85	5	6.1
加强税收宣传的效果	10	12.2	25	30.49	35	42.68	12	14.63
加强税收优惠力度的效果	8	9.76	11	13.41	48	58.54	15	18.29

第六章　推动我国新型农业合作化发展的财政政策选择

比较国内外新型农业合作化发展的实践，不难看出。在促进新型农业合作化的发展方面，政府应当在更大程度上是一个提供便利者，而不是一个具体执行者。我国新型农业合作化发展中政府作用的发挥应当立足于建立适当的法律制度和政策环境，充当方向的引导者、发展的激发者、各项驱动因素的协调者和公共服务的提供者，发挥宏观战略的导向作用、激励政策的诱导作用和各种资源的整合作用。从新型农业合作化的特征和发展的国内外经验看，新型农业合作化的发展离不开政府的支持与帮助，财政政策可以发挥很大的作用。我国新型农业合作化财政政策的制定要立足现实，有所区别，分别确定财政支出政策和税收政策的原则，充分发挥不同政策对不同新型农业合作化的作用，同时，要在完善财政政策的同时制定其他相关政策，充分发挥相关政策的整合作用。

第一节　政府在新型农业合作化发展中的定位

在我国新型农业合作化发展的初级阶段，政府的介入必不可少。政府对新型农业合作化的支持既应遵循基本市场规律，避免干预过度；又应弥补市场缺陷，充分发挥政府的作用。

一、政府的角色定位

（一）现代市场经济中政府的角色

政府角色，即政府在什么范围内以什么方式行使权力。现代市场经济理论认为，政府在做好"守夜人"努力保护经济自由的同时，也应对市场进行有效的监督和约束。政府的主要功能在于对经济的宏观调控、市场的监管和公共服务。现代市场经济是市场调节与政府作用有机结合的经济。市场调节的效率，政府作用的优劣，都取决于政府角色的准确定位。

在市场经济中，市场竞争能使社会资源配置在一种均衡状态下达到帕累托状态，但市场并不是万能的，由于市场主体过于追逐私利和短期效益，必然导致恶性竞争、垄断、公共品缺失等"市场失灵"问题，成为政府干预的理由。安德森提出了一些较为适用的政府角色：提供经济基础，提供各种公共品和服务，协调与解决团体冲突，维护竞争，保护自然资源，为个人提供获得商品和服务的最低条件，保持经济稳定。

（二）新型农业合作化发展中政府的角色

新型农业合作化的出现和发展虽然是一种市场行为，但其发展过程中有外部性和公共品性质，存在市场失灵，且在市场交易、收益分配、制度环境等方面存在很多不确定性。所以，政府对新型农业合作化的干预是必要的。另外，农业的基础性地位和农业弱质性的特点，也要求政府介入农业的重要载体——新型农业合作化组织。在市场存在缺陷的情况下，成为政府介入的有效理由。即政府在新型农业合作化组织的发展过程中可以而且应该发挥不可替代的作用。市场经济下，政府与新型农业合作化组织的关系可以参考 1990 年在悉尼召开的第一届"亚太地区政府合作社部长会议"决议中提出的建议：
（1）在宪法中确立合作社的地位和重要性；（2）与合作社共同研究制定国家的政策；（3）为合作社发展创造良好的环境；（4）政府与合作社开展对话；（5）根据合作社原则，制定和执行合作化法，防止合作社官方化；（6）帮助建立互助合作基金，培养专业化管理人才；（7）宣传合作社价值和精神；（8）建立合作社之间纵向和横向的密切关系和有效的合作社经营体系；（9）支持合作社的教育和培训；（10）支持合作社参与发展；（11）在不影响合作社独立性的前提下，提供低贷款、保证基金、补贴、减少税收等，为合作社提供财政援助；（12）与合作社协商农产品价格、生产物资和消费品供应的措施；（13）保障避免公共部门与合作社企业之间的竞争；（14）促进合作社的国内、国际贸易活动。政府应在充分尊重市场经济规律的前提下，妥善处理好与新型农业合作化组织之间的关系，即新型农业合作化组织是主体，政府是其重要的推动者、引导者和保护者。在新型农业合作化组织发展中发挥引导、协调和整合的作用，充当如下角色：

1. 新型农业合作化发展方向的引导者

政府应根据经济形势变化和国家发展新型农业合作化的具体要求，紧密结合合作经济组织发展态势，科学地制定符合中国国情的新型农业合作化发展战略。并通过选择不同时期的重点发展领域，制定与国家经济发展阶段相适应的战略，有针对性地加大政策扶持力度，提高关键行业和关键领域的发展。

2. 新型农业合作化发展的激发者

政府可以凭借其自身的特殊地位，利用法律法规、行政、经济等手段，制定有利于新型农业合作化的运行规则，营造良好的运行环境。同时，政府可以通过制定各种政策增加新型农业合作化的投入、促进新型农业合作化发展。

3. 新型农业合作化发展过程中各项驱动因素的协调者

国外经验表明，新型农业合作化的发展需要多种不同的资源和要素支持，而这些资源和要素又分散在不同的社会组织手中，由于出于自身利益的考虑，会发生系统失灵，解决系统失灵是市场本身无法做到的，需要由政府出面进行协调。政府可以根据发展目标对新型农业合作化的生产经营活动进行整体规划，采取促进产学研相结合、促进成果扩散、鼓励合作研究、人才流动等政策，通过政府的力量克服系统失灵，达到新型农业合作化内外资源配置的合理化与最优化。

4. 新型农业合作化发展过程中公共服务的提供者

新型农业合作化发展过程中需要相应的公共与社会服务。政府应提供信息和中介服务，加大对信息服务、人才培训、技术扶持、预警机制的建立等公共设施或基础性服务的投入，培养主体，对合作经济组织社会服务体系的建立和完善进行引导和必要的管理，以调动社会资源为新型农业合作化的发展提供服务。

二、政府的作用

（一）宏观战略的导向作用

政府通过国家长远发展战略和新型农业合作化发展战略的制定，为新型农业合作化发展指明方向。即通过政府的导向力量，把有限的资源集中到绩效最优的领域中去，实现资源配置的最优化。

（二）各种激励政策的诱导作用

政府通过各种政策的诱导，可以刺激新型农业合作化发展的欲望。从理论上讲，动机能够直接引发行为，而激励能够持续地激发动机。政府优势就在于激励、引导、协调与整合，其作用主要是通过金融、财政政策等手段补偿和降低新型农业合作化发展中的各种风险，激活新型农业合作化内部发展动力。这些激励政策包括低息贷款、财政直接投入、税收优惠等。

（三）各种资源的整合作用

新型农业合作化发展的关键是内外驱动因素的协同和内外资源的整合。其中包括宏观层面的政府政策资源。而资源整合的关键在于政府作用的发挥。实际上，要想将内外各种资源有效地整合起来，离开政府作用，或者更确切地说是离开政府本身掌握的政策资源和行动权力资源作用的发挥是根本办不到的。比如，通过政府政策作用可以利用企业和社会资本，可以实现产学研的联合等，政府资源的特殊性决定了其资源使用潜在的高效率，因此，政府才有可能以其掌握的资源为基础发挥其他主体无法替代的整合资源的作用，新型农业合作化发展的潜能也因此更容易被激活。

三、我国政府介入新型农业合作化的指导思想、目标和原则

（一）确定指导思想

政府对新型农业合作化政策支持的指导思想应定位为：以市场需求为导向，以农业现代化为最终目标，以合作社型新型农业合作化组织为重点，借鉴国内外先进经验，按照建立社会主义市场经济体制的，在稳定和完善以家庭联产承包经营为基础的统分结合的双层经营体制的基础上，在自愿互利的前提下，积极兴办各种类型的新型农业合作化组织，为农户提供各种产前、产中和产后服务，推动农业"两个根本性转变"，促进我国农业向产业化、现代化方向发展。

根据我国协会型和合作社型新型农业合作化组织长期共存且协会

型数量多的现实，政府政策的制定必须坚持重点支持合作社型新型农业合作化组织，适当扶持协会型新型农业合作化组织。适当扶持协会型新型农业合作化组织，就是把一个产业、一个行业或一个地区内的各类市场主体，按照专业农户＋（行业）协会（联合会）＋合作社＋龙头企业＋其他市场主体的形式联合起来，对内搞好积极引导、业务培训、规章制度建设等服务，对外创作良好的市场环境，以带动整个行业或产业健康协调可持续发展。重点支持合作社型新型农业合作化组织，就是把合作社作为下一步政策支持的重点，推进"一建一改一变"。"一建"，即根据我国国情和当地实际由政府引导建立一批专业合作社；"一改"，即把从事生产经营活动的专业（行业）协会改造成专业合作社；"一变"，即把原先具有合作社性质而注册为农业企业的企业进行变更登记。

（二）明确发展目标

根据目前的实际，政策促进新型农业合作化发展的目标主要有三个：一是增加农民收入。农民收入的增加是政府介入农村专业合作组织发展的最终落脚点和判断政策效果的主要标准，也是新型农业合作化组织维持其凝聚力、吸引力和带动力的重要保证。二是促进新型农业合作化组织的健康发展与规范运作，使新型农业合作化组织成为政策支农经的有效载体。三是提高政策支持新型农业合作化的有效性。积极探索发挥支持新型农业合作化有效性的方式、方法，创新政策支持的途径和方法，灵活运用资金、智力、技术、物资投入多种方式。

（三）确定基本原则

1. 坚持分散经营和统一经营相结合的原则

家庭联产承包责任制有效地解放和发展了农村生产力，双层经营体制使集体优越性和个人积极性同时得到发挥。发展新型农业合作化并不是要否定家庭联产承包责任制，而是在家庭联产承包责任制的基础上进行制度创新，通过合作把农民组织起来走向市场，这也是一种规模经营，这种规模经营不同于土地、生产工具、生产劳动等集中起来的集体经营，但更符合农业生产和农业经济规律。

2. 坚持"民办、民管、民受益"的原则

发展新型农业合作化组织要树立以农民为主体的思想，尊重农民意愿，使其独立自主地开展各种形式的合作：在内部管理上，应实行民主决策、民主管理和民主监督，组织重大事情要由成员集体决定；应遵循共担风险、共享收益的原则，对内不以营利为目的，而要以为成员服务为宗旨，通过有效的服务、价格保护、利润返还等方式使成员获得实惠。要综合考虑到新型农业合作化组织的不断发展的现实，既要扶持新型农业合作化组织走向自立、自强的持续发展之路，又要防止"过度热情"，保证农民在合作经济组织的话语权。

3. 整体性原则和区别对待原则

应提高政策的立法层次，由全国人大制定法律或者由中央相关部委联合制定部门规章，从总体上对新型农业合作化政策支持的原则、方向、目标、考核办法等做出规定。我国地域广阔，各地的自然条件、经济发展水平、社会文化传统等存在着很大的差别，而且，数量众多的新型农业合作化组织的性质、发展阶段和水平不一致，政府扶持政策的制定应该因地制宜、因时制宜、分类指导，既保证政策的统一性，又有一定的灵活性。

4. 遵循经济规律和循序渐进的原则

新型农业合作化的发展需要一个逐步发展、成熟和逐步壮大的过程，政府政策的制定应遵循市场规律，不能拔苗助长，更不应随意的下任务、定指标，而应该在理论指导下不断地试点示范，逐步推广经验。随着市场经济的发展和完善，许多新型农业合作化组织将逐步向市场化转型。因而，政策的支持也应循序渐进。比如财政支出政策和信贷政策的重点应放在起步阶段的新型农业合作化组织上；税收政策则应更多地用于发展到一定程度和规模、规章制度比较完善的新型农业合作化组织。

第二节　完善我国新型农业合作化
发展的财政支出政策

理论和实践表明，财政支出政策在促进新型农业合作化发展，特别是新型农业合作化的初级发展阶段有着不可或缺的作用。应在坚持基本原则的基础上，加大财政投入力度，创新财政投入方式。

一、我国新型农业合作化发展的财政支出政策的原则

近年来，我国新型农业合作化发展迅速，由于规定的准入门槛偏低，每年新设立的新型农业合作化组织呈现出几何级数扩张。据统计，截至 2017 年 9 月 4 日，全国依法注册登记的农民专业合作社达193.3 万家，入社农户超过 1 亿户[①]。新型农业合作化组织数量的激增说明《农民专业合作社法》颁布后，各级政府确实为新型农业合作化组织特别是农民专业合作社的发展做了大量工作，满足了市场经济下广大农民现实需求。但是，大量的新型农业合作化组织确实存在着一些为享受某些优惠政策甚至套取财政资金而设立的"空壳"。从整体上看，我国的新型农业合作化组织刚刚起步，仍处于发展的初级阶段，财政支出政策的介入必不可少。但是，财政支出政策的支持主要在新型农业合作化组织发展的初期，如果以财政资金作为新型农业合作化组织发展的动力，必然导致忽视内生性增长，不会具有生命

---

① 董峻，洪伟杰. 我国农民专业合作社数量达 193 万多家 . http：//www. xinhuanet. com//2017 - 09/04/c_ /29695890. htm.

力。要使我国的新型农业合作化组织得到均衡发展，财政支出政策应坚持以下原则：

（一）发展区域优势特色产业的原则

新型农业合作化项目应与当地农业发展方向上保持一致。在选项的过程中，既要注重新型农业合作化组织本身的发展情况，更要关注所属产业和所在地区的发展情况，把有限的财政资金用到"刀刃"上，充分发挥资金的使用效率，真正把合作化组织所在地的农业资源优势转化为经济发展优势。

（二）区分不同类型灵活扶持的原则

目前看，新型农业合作化组织在组建方式、成员构成及内部机制等方面呈现出多专业、多类型、多成分、多形式的特点，有龙头企业牵动型、协会推动服务型、股份合作实体型、能人带动销售型、政府启动引导型等。以上多种形式要予以区分，按照"鼓励发展强项、适当弥补弱项"的思路，给予不同方式的扶持。有龙头企业参与的，重点是加强合作经济组织的联结农户能力；有科研机构依托的，重点是加强科技推广能力；有稳定市场关系的，重点是加强购销服务能力。

（三）推进农业项目相结合的原则

推进项目的互相结合是整个"三农"的大势所趋。离开其他农业项目而孤立地建设新型农业合作化组织，其效果将大打折扣。加强基础设施建设，土地治理项目有优势。提高加工转化能力，龙头企业有优势。组织农民、服务农民，新型农业合作化组织有优势。以上优势结合起来，产业化经营的道路就基本畅通了。因此，新型农业合作化必须服从产业发展整体规划，结合其他农业项目的实施来统筹安排，实现合理定位，促进规模开发，完善产业链条。

二、加大财政投入力度，明确财政投入重点

（一）加大财政投入力度

2007 年以后，我国中央和地方对新型农业合作化财政支出的增速明显增加，并取得了很好的效果。但是，与发达国家相比，无论在新型农业合作化的财政投入规模上还是投入比重上，我国还是有比较大的差距。因而，要继续加大对新型农业合作化的财政直接支持力度。在相关法律法规中明确新型农业合作化财政支出占总财政支出的比重并确实落实到位。然而，在我国目前的经济发展水平和财政状况下，完全靠财政投入解决我国新型农业合作化发展过程中所需的大量资金是不现实的，要充分发挥财政资金"四两拨千斤"的作用，以财政投入带动社会资金，扩宽融资渠道。

（二）明确财政投入重点

对于新型农业合作化的财政投入不可能面面俱到，在财政投入总量增加的前提下，应当明确财政投入的重点，确保有限的资金用到"刀刃"上，提高财政资金的使用效率。

1. 加强服务能力建设

目前多数新型农业合作化组织存在实力不强的问题，很多是一种纯粹的"组织形态"，没有可以依托的硬件设施，对成员的服务乏力。2007 年中央 1 号文件《中共中央　国务院关于积极发展现代农业扎实推进社会主义新农村建设的若干意见》指出，要"着力支持农民专业合作组织开展市场营销、信息服务、技术培训、农产品加工储藏和农资采购经营"。因此，要根据新型农业合作化组织的实际困难，着重于提高合作经济的加工服务能力、仓储服务能力、购销服务能力、信息服务能力、科技服务能力，支持新型农业合作化组织建设

必要的厂房、仓库，购买必需的设备用品，引进先进的品种技术，打造稳定的购销平台。但是新型农业合作化组织毕竟区别于龙头企业、科研机构、物流公司、农贸市场等实体，加之财政资金量有限，在扶持上要把握好尺度，既要确保新型农业合作化组织能够为成员提供有效服务，又不能贪大求全、盲目扩张。

2. 加强基础设施建设

农业基础设施建设是一项较大的投入，对这一项投入，农民或是没有能力，或是难下决心。新型农业合作化组织要体现自身的特色，按照发展优势特色产业的需求，在重点区域内进一步明确成员这一重点群体，灵活集中地改善优势特色产业的生产条件。在建设内容上，可以水、电、路、通信等基础设施为主，大棚、圈栏等特色设施为辅，着重解决好新型农业合作化组织成员最实际的需求。

3. 加强新型农业合作化成员的素质培训

管理者和成员的管理素质、技术水平和合作意识，是决定新型农业合作化组织可持续发展能力的核心要素。成员尤其是领办人的素质决定着合作经济组织的治理能力、管理能力和发展方向，当新型农业合作化发展到较成熟的阶段，财政投入应当逐步从改善基础设施和满足流动资金缺口向人力资源培育转变。因而，我国选择一些发展程度较高、各方面制度比较完善的新型农业合作化组织，加大对管理者和成员的培养力度。一方面，财政应出资帮助组织的领办人定期的集中学习或者送入高等学校深造，不断提高其认识能力、判断能力和管理能力；另一方面，可以通过举办各种专门针对新型农业合作化组织成员的短期培训班，宣讲国家有关的政策法规，推广与农业生产有关的农产品生产、储存、加工技术，介绍新型农业合作化组织的运行机理、内部治理、日常管理、市场营销等专业知识，不断提高组织和成员的生产能力、组织能力和经营管理能力。加强对农民的素质培训，提高新型农业合作化组织的运营水平，加快新品种、新技术的推广步伐，推动农产品的标准化无公害生产，是提高农业效益的重要手段。

对成员的培训，要突出针对性，重点在提高技能上做文章。同时，开展培训活动要与新型农业合作化组织的能力建设和基地建设结合起来，创新培训机制，注重现场示范，提高培训实效。

（三）创新财政投入途径、兼顾不同组织和成员

1. 建设新型农业合作化公共服务平台

建设新型农业合作化公共服务平台是指建立政府引导、新型农业合作化组织为主体、社会参与的农村服务发展机制，通过完善服务设施，健全服务网络，拓展服务领域，增强服务功能，进而形成广覆盖、多层次、社会化的服务体系。实践中，无论是中央财政还是地方财政，选择扶持的新型农业合作化组织时都会设定一些条件。从最终结果来看，能够获得财政资金的新型农业合作化组织一般都是规模较大的，规模大的往往被认为带动能力和影响能力更强。事实上，一些大的新型农业合作化组织往往被公司、龙头企业、农村大户或者其他机构控制，一般追求自身利益的最大化。而许多能体现"民有、民管、民受益"特点的规模相对较小的新型农业合作化组织，经常由于自身条件达不到而被排斥在财政扶持的范围之外。我们在财政投入的对象选择上不能一味地瞄向规模大的新型农业合作化组织，而忽视规模小的组织。为此，要积极将有限的财政资金用于建立新型农业合作化公共服务平台。新型农业合作化公共服务平台的建设，应当立足于解决合作化组织的普遍性、瓶颈性问题。例如，大部分新型农业合作化组织经营过程中都需要有仓储设施，以解决市场均衡供应的问题，但是如果所有的新型农业合作化都建立自己的仓储设施则是一种资源的浪费，完全市场化的仓储设施在新型农业合作化组织发展的初期成本过高。因此，可由政府出资，为一定区域内的新型农业合作化组织建立公共的仓储设施，以无偿或者低租金的方式提供给有需求的新型农业合作化组织使用。这样做既节省了合作经济组织的成本，又提高了财政资金的利用效率。再如，政府可以出资为新型农业合作化

提供营销平台，包括提供统一的产品宣传和市场信息咨询服务、物流配送服务，建立专门的新型农业合作化组织产品门店，从而降低新型农业合作化组织的销售成本。

2. 促进新型农业合作化组织成员间均衡受益

随着市场环境的变化和经营管理活动的日益复杂，一些新型农业合作化组织为了满足自身发展的需要，逐渐冲破了固有的互助合作的传统，开始雇用专业人才从事日常管理活动。在一些经济发达地方的新型农业合作化组织中，管理人员的影响和发挥的作用越来越大，其地位已经类似于"职业经理人"。由于新型农业合作化组织的绝大多数成员为农民，对管理工作知之甚少，往往在决策和管理中起不到大的作用，甚至距离新型农业合作化组织的管理活动越来越远。因此，个别新型农业合作化组织已出现了所有权与管理层经营权分离的现象，合作经济组织治理结构不完善问题日益突出，从而致使合作化组织的受益主体逐渐差异化。个别新型农业合作化组织出现了仅有少数人（领办人、管理层人员、核心成员等）受益的现象，广大的普通农民成员享受到很少的收益甚至享受不到收益。因此，政府在制定财政支出政策时一定要引导新型农业合作化组织建立科学合理并体现"民管"的内部治理结构，以防止出现少数人享受财政扶持利益，绝大多数农民成员的利益仍"原地踏步走"的现象。

三、创新财政支出方式，加大财政监督力度

（一）创新财政支出方式

1. 调整财政支出结构，优化支出方式

各级财政部门应积极调整财政支农支出结构，加大财政支农资金整合力度，在继续增加专项资金投入并向新型农业合作化适当倾斜的同时，尽量地整合农业、水利等不同部门所管支农资金，并使有条件

的新型农业合作化组织直接参与或承担建设任务。要采用实行灵活的
投资方式，不同的新型农业合作化组织，采取不同的投资方式。对
新型农业合作化的财政资金可以采用直接补助、财政贴息、以奖代
拨等多种形式相结合的支出方式，因地制宜，因时制宜，建立合作
经济组织投入的诱导机制。对新型农业合作化组织的管理费用、基
础设施建设费用可以给以一定的直接补助。政府还可以通过实施
WTO 所允许的绿箱政策，将财政资金其直接用于新型农业合作化，
通过实施环境保护、农业科技推广、技术培训等措施，支持新型农
业合作化的发展，保护我国的农业安全。对纳入政府开发和科技开
发项目的新型农业合作化组织的生产经营和科技推广项目，可采用
贴息贷款的方式，由各级财政每年按照一定的比例安排资金。对于
独立完成生产性基础设施建设和大型农业设备购置、出口占一定比
重的新型农业合作化组织，可采用奖代补方式。多种财政支出方式
的综合运用，不但可以缓解新型农业合作化组织资金匮乏的现状，
还能吸引金融机构、企业等市场主体增加对组织的投入，形成多层
次、多元化资金投入新机制。

2. 实行政府采购制度，提高资金使用效益

政府采购制度也称公共采购制度，是指各级国家机关、事业单位
和团体组织，使用财政性资金采购依法制定的集中采购目录以内的或
者采购限额标准以上的货物、工程和服务的行为。虽然我国的政府采
购规模 2009 年已突破 7000 亿元[①]，但是与欧共体各国政府采购的金
额占其 GDP 的 14% 左右（不包括公用事业部门的采购）、美国的
26% 左右还有很大的差距。政府采购的作用主要体现在如下几方面：
（1）降低成本费用，节约财政资金；（2）实行公开招标投标，防止
暗箱操作；（3）建立竞争机制，保证物资质量；（4）资金及时支
付，提高资金使用效率；（5）体现国家政策导向，促进行业发展。

---

① 孙勇. 我国政府采购规模突破 7000 亿元［N］. 京华时报，2010.5.8.

在对新型农业合作化的财政支持过程中实施政府采购，也就是对符合条件的财政资金支出要通过政府统一采购、公开招标。政府采购的范围不仅包括机关事业单位所需新型农业合作化生产的产品，还包括政府出资为新型农业合作化提供的农用物资、农业工程（包括兴修水利、修建交通设施、改造环境等在内的公共工程）等。此外，可试行采购产品的协议供货制度。所谓协议供货制度是指通过一次招标为有共同需求的各单位确定中标供应商和中标产品，并在一定时间期限内有此需求的单位直接向中标供应商采购。这种采购方法已成为国际潮流，国外称为"长期供货合同"或者"协议合同"，我国叫作"协议供货制度"。从 2002 年在中央单位试行，目前被地方广泛使用，它既有利于选择合适的产品和价格，也有利于提高政府采购效率。因此，政府对于农产品的采购也可以试行这种办法，使达到条件的新型农业合作化组织拿到"长期订单"，有利于其长期规范发展。

3. 实行国库集中支付制度，避免财政资金被截留、挪用

国库集中支付是以国库单一账户体系为基础，以健全的财政支付信息系统和银行间实时清算系统为依托，支付款项时，由预算单位提出申请，经规定审核机构（国库集中支付执行机构或预算单位）审核后，将资金通过单一账户体系支付给收款人的制度。对新型农业合作化的财政资金实行国库集中支付制度，即由国库按预算数额直接拨给使用资金，而不再经过支出单位进行转账结算。国库集中支付制度不但能缩短财政资金资金的在途时间，加快财政资金的周转速度。而且，可以使以往分散在财政各个涉农科室和各农口单位的资金统一由财政支付。国库集中支付制度既能有效地避免资金被截留或挪用，有利于新型农业合作化组织合理使用资金，又能避免有限的财政资金形成重复投放或非系统性投放的状况，从而提高资金的效益。

4. 合理使用转移支付办法，确保对新型农业合作化财政资金足额到位

一方面，我国各地区自然条件差异很大，经济发展水平很不均衡，公共服务水平也有很大差距。要根据各地区的实际和新型农业合作化的具体情况合理确定转移支付办法，要全面地考虑到各项客观因素，减少资金分配中人为因素的影响。另一方面，将现行零星的转移支付规范为一般目的、特定目的、政策性目的三种规范的转移支付形式；中央在确定省以下转移支付制度基本原则的基础上，把部门的转移支付并入财政统一转移支付体系，统一行事。对新型农业合作化转移支付资金要实行公示制度，防止"暗箱"操作，财政部应把转移支付给各省市的用于新型农业合作化的资金进行公示，省（直辖市）级财政部门应把转移支付给各地市的用于新型农业合作化的资金进行公示。

（二）加大对新型农业合作化财政资金使用的监督力度

其一，建立完善的新型农业合作化财政投入的信息披露机制，以财政资金的使用过程中的信息充分披露为出发点，真正做到财政资金发放和使用的公正、公开、透明、诚信，提高财政资金的使用效率。第一，公正。选择财政扶持的新型农业合作化的条件应当公正，应当针对辖区内所有的新型农业合作化组织设置统一的标准，不能针对某个或某些合作经济组织而设置条件。第二，公开、透明。公开、透明原则首先要求财政部门对所掌握的新型农业合作化组织所有财政资金的相关信息通过网络、报纸等媒体予以公布。其次要求所有接受财政资金的新型农业合作化组织的资金使用信息要公开。无论是资金用途、配套资金状况，还是运作成本、效果等都应当及时向有关部门和民众进行信息公开，除商业秘密以外，财政资金的所有信息都要在指定的媒体上及时向社会公开发布。第三。诚信。诚实信用是民事活动的一项基本原则。诚实信用原则要求新型农业合作化组织在财政资金

的获取和使用上不得有欺骗、背信的行为。同时，鉴于目前我国新型农业合作化组织数量多，发展水平参差不齐的现状，应该建立和完善投资新型农业合作化财政资金评审项目专家评委库，广泛吸收有实际经验的会计、审计、农业等专业人员和专家教授进入专家评委库，按照一定的原则和方法确定新型农业合作化组织，并以随机方式选择评委，使新型农业合作化的财政资金的使用成为一个更高层次、高水准的运作体系。

其二，加大政府对新型农业合作化财政资金的监管。财政资金的有效使用与完善的监管机制是密不可分的，应加强对新型农业合作化组织的监管。可由新型农业合作化组织登记部门、财政部门、农业部门和审计部门等共同参与、监督，形成一个多元化、多层次的监管主体，不同监管主体应相互监督、相互制约，加强对新型农业合作化财政资金的评估和跟踪检查。第一，落实新型农业合作化组织资金使用和监管相分离的制度，加大各级和各个不同监管部门对财政资金的监管力度。第二，加强审计监督。充分发挥审计部门事中以及事后监督作用，对新型农业合作化组织违反财政资金使用规定的行为追究责任，对不属于行政监察对象的新型农业合作化组织负责人，视情节轻重向有关部门提出追究责任的建议。第三，加大司法监督力度。加大新型农业合作化组织寻租行为的寻租成本，使从事寻租的行为主体在权衡的预期收益与成本后，做出理性的选择。对新型农业合作化组织的违法行为，要追究主要负责人的刑事责任并对新型农业合作化组织处以相应的处罚。第四，引导社会监督。要积极发挥网络、电视、报纸、等中介机构的作用，特别是随着信息化程度的提高，网络的监督作用要积极发挥，充分利用社会舆论的力量来监督新型农业合作化组织的财政资金使用状况。第五，完善检举举报制度。充分发动群众、依靠群众，通过群众特别是组织成员检举等方式对新型农业合作化组织进行监督，可从以下几方面着手：一是积极设立举报电话、邮箱、信箱等，由专人负责，并根据有关法律法规建立相应的举报奖励制度；二是不定期的随机抽取由一定数量的会计专家、审计专家和企业界代表组成的特约检查团，以座谈、现场调查等形式及时反馈新型农业合作化财政资金使用情况的意见。

第三节　完善我国新型农业合作化发展的税收政策

新型农业合作化税收政策的制定要坚持法定主义、公平和效率等原则。我国新型农业合作化税收政策的完善要从具体政策制定、纳税服务和加强征管等多方面着手。税收政策的完善一方面要灵活多样，另一方面要尽量保持"市场中性"。

一、我国新型农业合作化发展的税收政策的原则

（一）税收法定主义原则

税收法定主义的基本含义是：征税主体征税必须依法律的规定，纳税主依法律的规定纳税。包括三方面的具体内容：一是税种法定原则；二是税收要素确定原则；三是程序法定原则。税收法律关系中的实体权利义务得以实现所依据的程序性要素须经法律规定，且征纳主体各方均须依法定程序行事。新型农业合作化组织如何认定？是协会型的还是合作社型的？是否免税，是全部免税还是部分免税？这些涉及新型农业合作化税收优惠的基本问题，都应当有明确的法律依据，才能符合法定原则的要求。

（二）公平原则

税收公平原则是指国家税制的设计和税收征管应使纳税人的税负与其负担能力相适应，并使不同纳税人之间的负担水平保持平衡。税

收公平的衡量应考虑纳税人的经济能力或纳税能力，由受益和能力两个原则衡量。新型农业合作化税收政策的公平原则包括不同合作经济组织间的税收公平和新型农业合作化组织与其他市场主体间的税收公平两个方面，体现为税收横向公平和税收纵向公平。公平原则对新型农业合作化税制的内在要求具体体现在：第一，横向公平。同等纳税能力的新型农业合作化组织应纳相同的税，不同纳税能力的新型农业合作化组织应纳不同的税，体现量能和受益的原则。从我国的实际情况来看，首先，所有的新型农业合作化组织的"非营利收入"都可免税；其次，无论新型农业合作化的投资主体以政府投入或企业投资为主，还是以成员集资为主，税收政策应该一样。第二，纵向公平。对不同类型的新型农业合作化组织应采取差别性的税收优惠政策。

（三）效率原则

税收效率原则是指政府征税所带来的收益最大、负担最小，也就是以较少的税收成本换取较多的税收收入。税收效率原则要求政府征税有利于资源的有效配置和经济机制的有效运行，提高税务行政的管理效率。对新型农业合作化给予税收优惠待遇，要实现最大限度鼓励和扶持新型农业合作化的发展，促进社会经济效益的提高。具体来说，新型农业合作化的税收优惠制度包含两个层次：一是对新型农业合作化组织为公益性目的进行的非经营活动免税，对支持这种活动的各种捐赠行为，允许税收抵扣，以激励社会各界参与。二是对新型农业合作化组织为公益性目的，但采取经营性的商业活动所取得的收入采取减税或低税等税收优惠政策。

二、完善我国新型农业合作化税收政策的政策建议

（一）更新服务观念，加大税收宣传和纳税服务

针对目前部分税务人员的思想现状和新型农业合作化实际，要加

强对税务人员的思想观念的教育，由管理型人员向服务型人员转变，由过去的坐等服务为主动服务上门，一切从工作实际出发，以"始于纳税人需求、基于纳税人满意、终于纳税人遵从"为目标，经常了解纳税人需要什么服务，增强主动服务意识，为纳税人提供优质服务。同时，在各地的办税服务厅开通涉农税收办理绿色通道，设立"涉农税收政策辅导岗"，实行"首问负责制"，确保各项新型农业合作化税收优惠政策落实到位。

要结合农村实际，积极深入到新型农业合作化组织和农户中，与纳税人和农民面对面进行交流和税法咨询，发放科技书籍、刊物和税法宣传材料，征求纳税人对税务工作的意见和建议，接受投诉和举报，现场解答纳税人反映的涉税问题。同时，应采取三个方面的措施提高纳税服务质量：一是简化办税程序、提高办税效率。凡纳税额较小的新型农业合作化组织，可在相关法律许可的前提下适当延长纳税期限；进一步简化发票发售的核批程序，提高发票发售效率；凡纳税人所报税务登记资料符合法定条件的，受理税务机关保证在 5 个工作日内办理完毕；对符合政策规定、资料齐全的增值税一般纳税人认定，保证在 10 个工作日内核批完毕；在文件资料齐全的情况下，出口退税登记审核确认保证在 5 个工作日内完成；只要有退税指标，企业各项退税资料齐全、符合规定，出口退税审核审批保证在 5 个工作日内完成。二是落实税收优惠。对符合享受税收优惠条件的新型农业合作化组织，只要手续齐全、符合条件，受理和审批税务机关保证在 5 个工作日内办理完毕。三是规范税收检查。各级税务机关将严格执行检查审批制度，避免多头检查和重复检查；进一步提高税收检查效率，缩短检查时间，对规模较小纳税户的检查原则上 10 天内完成；对税务稽查一般案件的审理 7 天内完成。同时，纳税信用等级为 A 级的纳税人，可享受两年内免除税收常规检查、放宽发票领购限量及税收年检即时办理等税收优惠。

（二）加快制定适宜我国新型农业合作化发展的税收优惠法律制度

借鉴发达国家经验，充分考虑我国新型农业合作化的实际情况，本着分类指导、区别对待的原则，积极构建、完善我国新型农业合作化税收优惠法律制度。采取概括式和列举式相结合的立法体例。新型农业合作化税收政策是一个体系，涉及商品税、所得税、财产税等多个税种，而且税收优惠的范围和方式涉及征税对象、税率、起征点、扣除项目和税收抵免等多个方面。概况式和列举式相结合的立法体例即新型农业合作化法和税法相结合，在新型农业合作化法中概括地规定对各类新型农业合作化给予税收优惠的指导思想、原则、方式等，在税法中以具体条款的形式，规定税收优惠政策的适用对象、具体内容和实施方案等[①]。采取概括式和列举式相结合的立法体例，既有利于两者分工协作，又符合国外立法潮流。

（三）对新型农业合作化采取差别化税收政策

随着新型农业合作化组织的迅速发展和日益完善，其筹资方式多样化和商业活动相应增多，对我国新型农业合作化组织的活动采取差别化税收政策，予以区别对待：第一，对协会型新型农业合作化组织应当视同非营利组织，原则上完全免税；对合作社型新型农业合作化组织的非营利性行为免税，营利性行为征税。第二，充分考虑新型农业合作化及其提供服务具有部分公共品性质，给予相应优惠政策。如对新型农业合作化组织与成员间的产品或服务买卖行为，视同生产经营活动征税；对新型农业合作化组织为农业生产的产前、产中、产后提供技术咨询、技术服务、技术转让的所得免税；对新型农业合作化组织向特定群体、区域或全社会无偿提供的服务免税；等等。第三，

---

① 李霞，高海. 农民合作社税收优惠之探讨 [J]. 北方经贸，2006（8）：28－29.

对于弱势群体组成的新型农业合作化组织，经主管税务机关批准后，应在税收上给予最大限度的优惠①。

（四）完善协会型新型农业合作化组织税收政策

协会型新型农业合作化组织应视为非营利组织，我国非营利组织的税收优惠主要体现在免税上。一直以来，税务机关在税务登记过程中实施的审查也就相当于对免税资格的审查。非营利组织在进行税务登记时只要持有《税收征管法》所规定的资料，就可以得到认可，这种免税资格的认定方式只是重复的形式审查，没有什么实质性作用。

2009 年 11 月，财政部和国家税务总局联合下发了两个关于非营利组织税收问题的通知，即《关于非营利组织企业所得税免税收入问题的通知》和《关于非营利组织免税资格认定管理有关问题的通知》。这两则通知主要明确和规范了以下的几个问题：一是明确了非营利组织的五类收入未免税收入；二是规范了非营利组织的认定条件；三是明确了税务部门审批非营利组织免税资格的资料和程序；四是规范了非营利组织定期纳税申报制度；五是规定了六种取消非营利组织免税资格的情形。两个通知的标志着我国建立起了独立的非营利组织免税资格认定程序，过去多头审批但缺乏有效审查的局面将得以改变。但是，还存在着一些如规定过粗的问题，应当加以完善：首先，借鉴美国等发达国家的经验，成立专门的独立统一的非营利组织认证机构，实行由非专门认证机构实施登记制和由税务部门实施免税资格独立认证制相结合的制度，去非营利组织专门认证机构申请认证前要填写税务部门制定的审查表格，充分发挥税务部门的优势。只有取得非营利组织的资格并通过税务机关免税资格认定的协会型新型农业合作化组织接受的非营利性所得均免征

---

① 孔祥智，陈丹梅. 政府支持与农民专业合作社的发展 ［J］. 教学与研究，2007 (1)：19 - 20.

所得税；对协会型新型农业合作化组织销售商品、提供劳务征收的增值税实行零税率。其次，要在相关法律法规中明确经营收入占全部收入的比重与经营收入用于公益或非营利性支出的比重。这两个指标是国外确认非营利组织时非常重要的，对于限制非营利组织过度依赖商业经营，确保组织活动不偏离其宗旨有重要意义。考虑到我国的现实和新型农业合作化组织的实际，许多合作经济组织既得不到政府资助，也无会费收入，因此上述比重不宜定得过低。最后，加强对协会型新型农业合作化组织的免税资格审查。相关法律法规中对于非营利组织免税资格的审查期为 5 年，而实践中，农村的变化非常大，新型农业合作化的发展也是瞬息万变。因此，在 5 年的审查期内，除了负责免税资格审查的税务部门和负责日常税收征管的部门要及时沟通信息外，非营利组织认证部门、财政部门等相关部门也应加强对协会型新型农业合作化组织年度审查，并将审查的有关信息及时反馈给税务机关。

（五）完善合作社型新型农业合作化组织税收政策

原则上，对我国合作社型新型农业合作化组织的营利性行为征税，对其非营利性行为免税。首先，对于合作社型新型农业合作化组织的日常经营收入视为一般的企业所得，按规定缴纳各种税收；对合作社型新型农业合作化组织的资产保值增值活动征税；对合作社型新型农业合作化组织与成员之间发生的产品和服务的买卖行为征税。其次，给予合作社型新型农业合作化组织的部分活动减免税优惠。对新型农业合作化组织特定群体、领域或全社会无偿提供服务、福利的活动实行免税；对其从事农业生产、日常经营活动所需用地，减免耕地占用税、房产税和印花税等；对有出口货物行为的新型农业合作化组织实施全面"征多少、退多少"的出口退税政策；对新型农业合作化组织用于公益活动的收益免征企业所得税；鼓励农业科技人员深入到农业生产的第一线，农业科技人员经批准到新型农业合作化组织任职，取得的报酬免征个人所得税。再次，对为新型农业合作化组织提供配套设施建设的企业取得的所得，如提供供水、交通和供电等产品的企业，实行一定的增值税和企业所得税减免；对各级农村信用社和商业银行为新型农业合作化组织提供业务而取得的收入可减征或者免征增值税税金及附加。最后，如果合作社型新型农业合作化组织在从事营利性活动的同时有非营利性活动，在应视为兼营业务，如果两类活动财务上能够分开则非营利性收入免税、营利性收入征税，否则全部按照营利性收入征税。

（六）加强对新型农业合作化组织的税收管理

1. 完善税收征管程序和系统，强化"户籍"管理

明确农村新型农业合作化组织办理税务登记所需提供的资料应与《国家税务总局关于清理简并纳税人报送涉税资料有关问题的通知》保持一致。由于新型农业合作化组织成立时不需提供验资报告，因此，税务机关在办理税务登记时，应要求其提供"出资成员签名、盖章的出资清单原件及复印件"。调整完善税务登记表和税收征管主体软件登记模块，由于工商部门将农民专业合作社定性为一种独立的经济形式"农民专业合作社法人"，专业协会多在民政部门登记，其经济性质没有明确规定。可在税务登记表及 CTAIS2.0 税务登记模块，证件名称增加"新型农业合作化组织法人"，单位性质、注册类型可不填。

2. 强化征管基础建设，加大税源监控力度

实行新型农业合作化组织成员资料备案制度，建立税源监控台账。税务人员要对备案情况进行实地核实，并与工商、农业等部门及时沟通联系，全面掌握相关资料。规范新型农业合作化组织的发票使用规定，加强管理审核，根据纳税人的生产规模、产品品种、常年产量、管理水平等实际情况，合理确定纳税人的发票领购票种、版位、数量等，每次领购发票一般不超过一个月的使用量；加强对合作经济

组织相关人员发票使用的辅导，严格执行发票使用的有关规定。加强对新型农业合作化组织的纳税评估，针对新型农业合作化组织的特点，应重点做好以下几个方面：一是审核成员身份，主要是是否确实为农业生产者；二是审核农业生产者的生产能力，据以判断组织销售行为的真实性；三是审核账簿设置和会计核算情况；四是审核销售价格的真实性；五是审核发票交易行为的真实性。

3. 加强监管，防止骗取税收优惠

为了防止部分新型农业合作化组织骗取税收优惠政策，逃避税或瓜分农村合作经济组织的利润，在规定新型农业合作化组织税收优惠政策的同时，应从以下方面进行规制：一要限制新型农业合作化组织的管理人员特别是领办人的收入水平，防止瓜分利润；二要加强对新型农业合作化组织关联企业的税收管理，防止利用关联交易转移利润；三要限制新型农业合作化组织从事高风险商业活动，保证其财务安全①。

第四节 完善我国新型农业合作化发展的相关政策

新型农业合作化事关我国"三农"问题的解决，必须加以重视。新型农业合作化的快速健康发展仅仅靠财政手段是远远不够的，在实践中，必须与其他手段相配合方能取得成功。要通过经济、法律等多种手段的综合运用，充分发挥政策的整合作用，方能取得预期成效。

---

① 孙长海，关小虎，崔颖. 农民专业合作组织发展中税收支持状况 [J]. 税务研究，2006（7）：63-65.

一、组建新型农业合作化协调委员会

国内外发展经验显示，政府要对新型农业合作化的发展要做好统一规划，形成合理的空间布局。同时，要注意抓好试点，给予一个明确的发展方向，并进行正确的引导。这就要求各级政府部门进一步更新观念，充分认识发展新型农业合作化的重要性和紧迫性，加强组织领导，明确部门分工，搞好部门协调，积极稳妥，循序渐进。因此，应有一个新型农业合作化发展的全国性机构，统筹新型农业合作化的布局，制定相关政策。

建议由国务院牵头组建一个关于新型农业合作化的议事机构——新型农业合作化协调委员会，由农业农村部、国家工商总局、财政部、国家税务总局等部门构成，秘书处放在农业农村部。主要职责是：第一，研究编制全国新型农业合作化发展战略、中长期发展规划和年度生产指导性计划，经批准后组织实施。第二，参与国家有关新型农业合作化发展的方针政策和法律法规的制定，贯彻国家新型农业合作化发展战略、中长期发展规划。第三，参与研究拟定农村产业政策，引导农业产业结构的合理调整、农业资源的合理配置和产品品质的改善；提出有关农产品及农业生产资料价格、大宗农产品流通、新型农业合作化信贷、税收及财政支出的政策建议。第四，指导新型农业合作化建设。第五，研究制定新型农业合作化的方针政策，组织推进新型农业合作化工作；负责新型农业合作化综合开发、协调工作；参与制定新型农业合作化建设与发展规划，促进农业产前、产中、产后一体化；研究提出新型农业合作化的进出口建议；预测新型农业合作化相关的各种经济信息。第六，制定新型农业合作化的科研、教育、技术推广及其队伍建设的发展规划和有关政策，实施科教兴农战略；组织重大科研和技术推广项目的遴选及实施；指导农业教育和农业各产业职业技能开发工作。第七，拟定新型农业合作化的各项技术标准并组织实施；组织实施新型农业合作化产品及绿色食品的质量监督、认证和农业植物新品种的保护工作；组织协调种子、农药等农业投入品质量的监测、鉴定和执法监督管理。第八，协调涉及农业和农村经济发展方面的工作。第九，承办新型农业合作化涉外事务；指导全国新型农业合作化对外经济、技术交流与合作。第十，承办国务院交办的其他事项。

二、完善相关法律法规

市场经济是法制经济，新型农业合作化的规范和发展亟待相关政策法规的出台和完善，以做到有法可依，法制化运作。各国合作经济组织的成功发展也都是建立在法律保护下的。2006 年 10 月 31 日第十届全国人民代表大会常务委员会第二十四次会议通过并于 2007 年 1 月 1 日起实施的《中华人民共和国农民专业合作社法》对于我国新型农业合作化的发展具有里程碑意义。2017 年 12 月 27 日第十二届全国人民代表大会常务委员会第三十一次会议修订了《农民专业合作社法》，并于 2018 年 7 月 1 日起正式实施。总体而言，此次修订保持了现行法律的基本框架、基本原则和核心制度，条款没有删除，只是内容上微调，增加了 1 章 18 条，使得法律的针对性、指导性更强。此次《农民专业合作社法》修订的内容主要有以下几个方面：一是根据各种类型的合作逐渐增多的现实，扩大了法律调整的范围，取消了有关"同类"农产品或者"同类"农业生产经营服务中的"同类"的限制，同时以列举的方式明确农民专业合作社经营和服务的业务范围。这就意味着《农民专业合作社法》适应了各类合作社需求的多元化，不仅局限于原来的范围。二是进一步规范农民专业合作社的组织和行为。比如明确规定农民专业合作社连续两年未从事经营活动的，吊销其营业执照，专业合作社应当按照国家有关规定向登记机关报送年度报告，并向社会公示。另外，对法律责任等有关内容也作了补充和完善。三是增加了一章"农民专业合作社联合社"。这是本次修订最大的亮点，对联合社的成员资格、注册登记、组织机构、治理结构等作了规定，规定三个以上的农民专业合作社在自愿的基础上可以出资设立农民专业合作社联合社，依法登记后取得法人资格，登记类型为农民专业合作社联合社。

2002 年 8 月 29 日第九届全国人民代表大会常务委员会第二十九次会议通过的《中华人民共和国农村土地承包法》，本部法律是为稳定和完善以家庭承包经营为基础、统分结合的双层经营体制，赋予农民长期而有保障的土地使用权，维护农村土地承包当事人的合法权益，促进农业、农村经济发展和农村社会稳定。实践证明，《农村土地承包法》达到了当初的预期，为我国农业、农村的发展稳定起到了积极作用。但是，随着经济社会的迅速发展，又出现了一些新的问题，比如农业生产要素流转不畅、各类新型农业经营主体不断出现、土地流转面积的扩大对规模化与集约化提出了更高的要求，等等。针对上述问题，2018 年 12 月 29 日第十三届全国人大常委会第七次会议第三次审议后通过了《中华人民共和国农村土地承包法》修正案。本次修订的内容主要有以下几个方面：明确了农村集体土地所有权、土地承包权、土地经营权"三权"分置，明确了农村土地承包关系保持稳定并长久不变，明确了第二轮土地承包到期再延长三十年，明确了维护进城落户农民的土地承包经营权，明确了土地经营权可以融资担保，明确了承包经营权的入股权能，明确工商企业流转土地经营权的准入监管，明确妇女土地承包权益的保护，授权确认农村集体经济组织成员身份。

新型农业合作化的发展是一个系统工程，不是一两部法律能够覆盖、规范和引导的，需要相关的法律法规的出台予以支持。修订的《农民专业合作社法》也明确国务院有关部门要对合作社从事农产品初加工用电执行农业生产用电价格、生产性配套辅助设施用地按农用地管理提出具体办法。今后，应从以下几个方面完善我国新型农业合作化发展的法律制度：一是开展广泛宣传活动，向全社会尤其是广大农民深入宣传这部法律，使广大农民了解这部法律，能够运用这部法律提高农业产业化程度，提高市场竞争力，促进农民增收、农业发展和农村稳定；二是加大落实力度，真正做到有法必依；三是抓紧起草配套措施，完善2007年7月1日起实施的《中华人民共和国农民合作社示范章程》；四是加快制定农村专业协会的立法工作，农村专业协会在相当长的一段时间按内将会大量存在，因此，应当设立专门的法律予以规范；五是制定《中华人民共和国新型农业合作化法》或《中华人民共和国合作法》。长远来看，新型农业合作化和合作经济的发展需要一部成熟的、具有全局性指导意义的法律，随着我国新型农业合作化的逐渐增加和完善，应着手制定一部更加全面、更符合市场经济和我国实际的法律。应在确保农村土地所有权归农村集体所有的前提下，明确农村土地的所有权主体。法律对农村集体土地所有制主体、所有制代表和相应的权利、义务做出明确规定。赋予农民对承包经营的土地更多的权益，如抵押、转让、租赁、入股等等，让农民作为非所有权人享有的土地使有权得到充分的发挥，利用土地产权权能，优化土地资源配置。这些权能需要在政策和法律上予以明确，给以肯定和保护，要使农村家庭承包经营权流转纳入法制化轨道。只有农民的土地承包经营权构成了完整的产权，农户土地流转的主体地位才能真正确立起来，土地使用权主体的权利才能得以明确。

三、完善和细化注册登记制度

一种市场主体的法律地位不仅决定了其性质、功能和权利义务的范围，也决定了其运转和发展过程中的各种特征。注册登记是确定市场主体法律地位、对市场主体进行管理的起点和基础，也是理顺管理体制，落实相关政策的前提和基础。我国《宪法》第8条规定，农村中各种形式的合作经济，是社会主义劳动群众集体所有制经济。我国《民法通则》规定，法人是具有民事权利能力和民事行为能力，依法独立享有民事权利和承担民事义务的组织；法人分为企业法人、机关法人、事业单位法人和社会团体法人。2007 年 7 月 1 日起实施的《中华人民共和国农民专业合作社登记管理条例》规定，农民专业合作社经登记机关依法登记，领取农民专业合作社法人营业执照（以下简称营业执照），取得法人资格。因此，建议在《宪法》及《民法通则》中进行相应修改，相应的工商登记中也应随之修改。应进一步简化合作社型新型农业合作化组织的登记手续，并在农民身份的确认和农业经营范围上从宽掌握。比如，从事农业生产的农牧场职工，已转变为城市居民而仍然从事农业生产的可作为农民身份组建农民专业合作社；农民从事手工编织、农家乐等经营项目也应给予经营许可。此外对于数量众多的农业协会，登记部门统一为民政部门或者新成立的专门的非营利组织管理部门，有经营活动的要在主管税务部门办理免税资格认证。

四、完善金融信贷政策

国家开发银行、农业发展银行等国家政策性金融机构，要为新型农业合作化提供多渠道的资金支持，放宽贷款用途，实施优惠税率，直接安排低息贷款等，并尽快研究制定支持新型农业合作化的实施方案和操作办法。政府应规定国有金融机构每年给新型农业合作化组织及其成员提供一定额度的优惠低息贷款。同时，各省、自治区、直辖市可以在当地建立农业信贷体系，专门向新型农业合作化组织提供贷款支持，各级农业银行和农村信用社要把扶持新型农业合作化组织作为信贷重点，对于新型农业合作化组织扩大经营规模、增加设施等给予相应支持。在政策允许的范围内尽量降低信贷条件，可实行信用联合共保机制，简化信贷手续，切实解决新型农业合作化组织生产经营中所需资金。

要大力发展农村合作金融组织，为新型农业合作化的发展提供有效地融资途径。一方面要加快农村信用社改革。农村信用社在我国有较长的历史，目前虽存在一些问题，但在农村有雄厚的经济基础、资金网络以及一定的信任度，因此可以在现有的基础上进行改革，使其成为由农民入股、成员民主管理、主要为成员服务的合作金融组织。另一方面，鼓励组建新的农村合作金融组织，真正强调"资助互惠"，将一家一户有限、分散的资金集中起来，变闲散的资金为生产资金，为新型农业合作化组织解决资金难题。与此同时，针对农户和新型农业合作化组织"贷款难"的实际，按照"政府政策推动，市场化运作"的思路，各级政府应当组建政策性农信担保公司，为新型农业合作化组织提供信用担保服务，缓解其担保难贷款难。可以考虑以供销社为主组建农信担保公司，予以重点发展。积极探索新型农业合作化农业保险方式，把新型农业合作化组织及其成员纳入农业政策性保险试点范围，开展新型农业合作化保险保费试点和互助保险试点。由于我国政府财力有限，农业保险由政府完全包下来，做不到也不符合国情。现阶段可采取政府主导下的、政府与商业保险公司相结合的"混合经营"模式，作为我国农业保险的主导形式。因此，国家要投入资本用于支持"三农"保险，积极支持探索和发展多种形式并存的农业保险制度。

此外，要大力发展我国的新型农业合作化组织，组织内部要有一套完善的管理制度。只有内外和谐，才能实现新型农业合作化组织的健康和谐发展。首先，要明晰产权。产权关系是农村经营组织中各种经济关系的基础，是联络各经营主体的纽带。产权明晰是新型农业合作化组织健康发展的基础。产权明晰不仅有利于保护和提高农民的参与积极性，增强组织发展的内部动力，而且有利于保护农民的合法权益，促进生产要素的合理流动。目前，我国新型农业合作化组织往往是由多个单位共同参加而建立的，这些单位之间的财产利益关系如果不清晰，那么在合作经济组织内部就会引起摩擦和矛盾，而且难以解决，从而对合作经济组织的发展带来非常不利的影响，甚至使其走向衰亡。所以，明晰产权对促进新型农业合作化组织健康发展是十分关键的。其次，要健全合作组织内部的民主管理制度，包括代表会制度、财务管理制度、利润分配制度、内部领导制度等。要把合作经济组织的活动置于服务对象的监督之下，以充分民主的方式管理新型农业合作化。只有这样，农民参与合作经济组织的积极性才能被充分调动起来，才能实现系统的内聚力。

附录：新型农业合作化税收政策调查问卷

尊敬的朋友：

您好！为了研究我国新型农业合作化的税收政策，分析现有税收政策的效用，更好地利用税收工具促进我国新型农业合作化的发展。我们拟对山东省新型农业合作化的税收状况进行调查，请您予以配合。本调查资料仅用于学术研究，并按照《中华人民共和国统计法》的要求，对个人资料保密，希望您能如实填写调查内容，衷心感谢您的支持与合作！

2010 年 6 月

一、合作经济组织基本情况

1. 名称：_____

2. 场所地址：_____

3. 组建年月：_____；登记年月：_____

4. 登记部门：

（1）工商部门   （2）农业部门

（3）科协部门   （4）民政部门

（5）没有登记   （6）其他（请注明）

5. 经营、服务内容：

（1）传统种植业和养殖业   （2）产加销一体化服务

（3）社会化服务   （4）其他

6. 负责人身份：

（1）农民   （2）企业代表

（3）其他（请注明）

二、与新型农业合作化有关的税收政策

1. 您知道新型农业合作化可以享受税收优惠吗？

（1）知道   （2）不知道

2. 您对办理税收减免手续的了解程度

（1）不了解   （2）了解一些

（3）了解但没办理过   （4）了解且办理过

3. 您为什么没有办理过减免税优惠手续？

（1）不了解有关办理事项   （2）由于自身原因没去办理

（3）办理的过程太麻烦，不方便   （4）不知道这回事

4. 您清楚现行新型农业合作化的税收政策吗？

（1）完全不了解   （2）基本不了解

（3）了解一些   （4）非常了解

5. 您认为现行税收政策对新型农业合作化的作用

（1）完全没作用   （2）作用很小

（3）有一定作用   （4）很大

6. 您认为现行合作经济组织税收政策存在的问题是

（1）宣传不够   （2）税务部门服务不好

（3）税收优惠力度小   （4）其他原因

7. 您认为哪项政策对新型农业合作化的激励作用最大？

（1）财政支出政策   （2）金融政策

（3）税收政策　　　　　　（4）其他

8. 如果加强对已有的税收政策的宣传会促进合作经济组织的发展吗？

（1）不会　　　　　　　　（2）作用很小

（3）会起一定作用　　　　（4）起很大作用

9. 如果加强税收优惠力度会促进新型农业合作化的发展吗？

（1）不会　　　　　　　　（2）作用很小

（3）会起一定作用　　　　（4）起很大作用

我们的调查结束了，再次向您表示感谢！您对我们的调查有什么建议！意见和要求，欢迎写在下面：

_____

_____

_____

参 考 文 献

［1］ Pardey P G, Roseboom J, Beintema N M. Investments in African agricultural research ［J］. Eptd Discussion Papers, 1997, 25 （3）: 409 – 423.

［2］ Rosegrant M W, Kasryno F, Perez N D. Output response to prices and public investment in agriculture: Indonesian food crops ［J］. 1998, 55 （2）: 0 – 352.

［3］ Fan S, Fang C, Zhang X. Agricultural research and urban poverty: the case of China ［J］. World Development, 2003, 31 （4）: 733 – 741.

［4］ Ollila P. Farmers' cooperatives as market coordinating institutions ［J］. Annals of Public and Cooperative Economics, 1994, 65 （1）: 81 – 102.

［5］ Rose – Ackerman S. Altruism, nonprofits, and economic theory ［J］. Journal of Economic Literature, 1996, 34 （2）: 701 – 728.

［6］ Lionel Prouteau. The economics of voluntary behavior: theoretical and empirical analysis ［J］. International Journal of Voluntary and Nonprofit Organizations, 2000, 11 （4）: 15 – 21.

［7］ Young, Dennis, Alternative models of government-nonprofit sector relations: theoretical and international perspectives ［J］. Nonprofit and Voluntary Sector Quarterly, 2000, 29 （1）: 149 – 172.

［8］ Baland J M, Kotwal A. The political economy of underinvest-

ment in agriculture [J]. Journal of Development Economics, 1998, 55:
233 – 247.

[9] Raymond W. Miller and Ladru Jensen A. Failures of farmers'cooperatives. Harvard Business Review, 1947, 25 (2): 213 – 226.

[10] Mcchesney F S. Rent extraction and rent creation in the economic theory of regulation [J]. The Journal of Legal Studies, 1987, 16 (1): 101 – 118.

[11] Neary H M. A non-cooperative bargaining model of membership expansion in a producer cooperative [J]. Managerial & Decision Economics, 1993, 14 (5): 409 – 417.

[12] Wiggins S. The functioning of large-scale cooperative enterprise in the south: A case study from Nicaragua [J]. 1991, 11 (5): 453 – 471.

[13] Claggett E T. Cooperative Distributors of Electrical Power: Operations and Scale Economies [J]. Quarterly Journal of Business & Economics, 1987, 26 (3): 3 – 21.

[14] Kim M , Maksimovic V. Debt and Input Misallocation [J]. The Journal of Finance, 1990, 45 (3): 795 – 816.

[15] Lahsaeizadeh A. Contemporary rural production cooperatives in Iran [J]. Annals of Public and Cooperative Economics, 2007, 61 (1): 117 – 124.

[16] Cernea M. Macrosocial change, feminization of agriculture and peasant women's threefold economic role [J]. Sociologia Ruralis, 1978, 18 (1): 107.

[17] Woods D. The politics of organising the countryside: rural cooperatives in Côte d'Ivoire [J]. Journal of Modern African Studies, 1999, 37 (3): 489 – 506.

[18] Guthmann, Harry G. Tax favoritism to cooperatives [J]. Har-

vard Business Review, 1960, 38 (6): 116 – 125.

[19] Rhodes, James V. The large agricultural cooperative as a competitor [J]. American Journal of Agricultural Economics, 1983, 65 (5): 1090.

[20] Beldarrain J P. Taxation of cooperatives. A model that strengthens equity [J]. Cuadernos De Gestión, 2004, 4 (2): 31 – 43.

[21] Samuelson, Paul A. The pure theory of public expenditure [J]. The Review of Economics and Statistics, 1954, 36 (4): 387 – 389.

[22] Berry, Calvin R. Discussion: Merger Component of Growth of Agricultural Cooperatives [J]. American Journal of Agricultural Economics, 1968, 50 (5): 1483.

[23] Carstens W H T L. The role of agricultural cooperatives in transportation [J]. Transportation Journal, 1976, 16 (1): 76 – 84.

[24] Dooren P J. The viability of agricultural production cooperatives [J]. Annals of Public and Cooperative Economics, 2007, 53 (1): 71 – 88.

[25] René Mauget, Declerck F. Structures, strategies, and performance of EC agricultural cooperatives [J]. Agribusiness, 1996, 12 (3): 265 – 275.

[26] Lin, Justin Y. Exit rights, exit costs, and shirking in agricultural cooperatives: Areply [J]. Journal of Comparative Economics, 1993, 17 (2): 504 – 520.

[27] Garoyan, Leon. Developments in the Theory of Farmer Cooperatives: Discussion [J]. American Journal of Agricultural Economics, 1983, 65 (5): 1096.

[28] Biru A. The role of agricultural cooperatives in promoting food security and rural women's empowerment in Eastern Tigray Region, Ethiopia [J]. Social Science Electronic Publishing, 2018.

[29] Abdelrahman A H , Smith C. Cooperatives and agricultural development: A case study of groundnut farmers in Western Sudan [J]. Community Development Journal, 1996, 31 (1): 13 – 19.

[30] Stahl, Michael. Capturing the peasants through cooperatives-the case of Ethiopia [J]. Review of African Political Economy, 1989, 16 (44): 27 – 46.

[31] Csaki C, Lerman Z. Land reform and farm sector restructuring in the former socialist countries in Europe. [J]. European Review of Agricultural Economics, 1994, 21 (3 – 4): 553 – 576.

[32] Royer J S, Bhuyan S. Forward integration by farmer cooperatives: Comparative incentives and impacts [J]. Journal of Cooperatives, 1995, 10.

[33] Henrich J, Henrich N. Culture, evolution and the puzzle of human cooperation [J]. Cognitive Systems Research, 2006, 7 (2 – 3): 220 – 245.

[34] Cook M L, Chaddad F R, Iliopoulos C. Advances in cooperative theory since 1990: A review of agricultural economics literature [C]. 2004.

[35] Wright A, Mcgrail M, Disler P. Rural organization of Australian stroke teams: Emergency department project [J]. Internal Medicine Journal, 2007, 38 (8): 638 – 643.

[36] Parker C. Before the refrain: The personal and the political in South Australia's sexual revolution [J]. Australian Feminist Studies, 2018, 33 (95): 114 – 128.

[37] None. Rural organization and land reform in Brazil: The role of nonagricultural benefits of Landholding [J]. Economic Development and Cultural Change, 2008, 56 (4): 851 – 870.

[38] 欧文选集 (第1卷) [M]. 北京: 商务印书馆, 1981.

［39］马克思恩格斯全集（第25卷）［M］.北京：人民出版社，1998.

［40］列宁.论合作制［A］·列宁选集（第四卷）［M］.北京：人民出版社，1995.

［41］R.科斯，A.阿尔钦，D.诺斯.财产权利与制度变迁［M］.上海：上海三联书店/上海人民出版社，2004.

［42］默里·L.韦登鲍姆.全球市场中的企业与政府［M］.上海：上海三联书店，2002.

［43］埃利诺·奥斯特罗姆.公共事务的治理之道.毛寿龙等译.上海：上海三联书店，2000.

［44］欧·E·文休斯.公共管理导论［M］.北京：中国人民大学出版社，2001.

［45］丹尼斯·缪勒.公共选择理论［M］.杨春学译.北京：中国社会科学出版社，1999.

［46］安东尼·B.阿特金森，约瑟夫·E.斯蒂格里茨.公共经济学［M］.上海：上海三联书店、上海人民出版社，1994.

［47］缪尔森，威廉·诺德豪斯.经济学［M］.北京：华夏出版社，1999.

［48］蔡雅诺夫.农民经济组织［M］.北京：中央编译出版社，1996.

［49］贝纳尔·萨拉尼耶.市场失灵的微观经济学［M］.朱保华等译.上海：上海财经大学出版社，2004.

［50］迈尔斯.公共经济学［M］.匡小平译.北京：中国人民大学出版社，2001.

［51］林毅夫.再论制度、技术与中国农业发展［M］.北京：北京大学出版社，2000.

［52］汤贡亮.向市场经济的中国税制改革研究［M］.北京：中国财政经济出版社，1999.

［53］汤贡亮．中国税收制度与管理［M］．北京：清华大学出版社，2005．

［54］汤贡亮．中国财政改革与法治研究［M］．北京：中国税务出版社，2008．

［55］农业部课题组．建设社会主义新农村问题研究［M］．北京：中国农业出版社，2005．

［56］张馨．公共财政论纲［M］．北京：经济科学出版社，1999．

［57］白立忱．外国农业合作社［M］．北京：中国社会出版社，2006．

［58］管爱国．现代世界合作社经济［M］．北京：农业出版社，2000．

［59］高鸿业．西方经济学［M］．北京：中国人民大学出版社，2000．

［60］国家统计局农村社会经济调查司．中国农村统计年鉴［M］．北京：中国统计出版社，1996－2009．

［61］中国社会科学院农村发展研究所编．中国农村发展研究报告NO.6［R］．北京：社会科学文献出版社，2008．

［62］黄晓勇．中国民间组织报告2008［R］．北京：社会科学文献出版社，2008．

［63］王名．中国社团改革：从政府选择到社会选择［M］．北京：社会科学文献出版社，2001．

［64］陈锡文，韩俊，赵阳．中国农村公共财政制度：理论、政策、实证研究［M］．北京：中国发展出版社，2005．

［65］范三国．国外的农业合作组织——以日本为例［M］．北京：中国社会出版社，2006．

［66］樊亢、戎殿．美国农业社会化服务体系——兼论农业合作社［M］．北京：经济日报出版社，1995．

［67］丛树海. 公共支出分析［M］. 上海：上海财经大学出版社，1999.

［68］庇古. 福利经济学［M］. 北京：华夏出版社，2007.

［69］苏志平，庞毅，廖运凤. 合作经济学［M］. 北京：中国商业出版社，2006.

［70］张维迎. 博弈论和信息经济学［M］. 上海：上海三联书店、上海人民出版社，1996.

［71］樊丽明. 中国公共品市场与自愿供给分析［M］. 上海：上海人民出版社，2005.

［72］梅德平. 中国农村微观经济组织变迁研究（1949 － 1985）［M］. 北京：中国社会科学出版社，2004.

［73］王景新. 乡村新型合作经济组织崛起［M］. 北京：中国经济出版社，2005.

［74］徐旭初. 中国农民专业合作经济组织的制度分析［M］. 北京：经济科学出版社，2005.

［75］王朝才，傅志华. "三农"问题：财政政策与国际经验借鉴［M］. 北京：经济科学出版社，2004.

［76］胡卓红. 农民专业合作社发展实证研究［M］. 杭州：浙江大学出版社，2009.

［77］孙亚范. 新型农民专业合作经济组织发展研究［M］. 北京：社会科学文献出版社，2006.

［78］蒋颖. 中国农村合作社法律制度发展研究［M］. 北京：中国农业科学技术出版社，2009.

［79］中华人民共和国农业部. 2009 中国农业发展报告［R］. 北京：农业出版社，2009.

［80］齐力. 农村新型合作经济组织的理论与实践［M］. 广州：暨南大学出版社，2010.

［81］张兵. 农民专业合作经济组织发展研究：以江苏省为例

[M]．北京：中国农业出版社，2010．

[82] 朱雅玲，李继承，余朝晖等．农村合作经济组织发展与创新 [M]．长沙：湖南科学技术出版社，2010．

[83] 李建军，刘平．农村专业合作组织发展 [M]．北京：中国农业大学出版社，2010．

[84] 秦富．国外农业支持政策 [M]．北京：中国农业出版社，2003．

[85] 苏明．中国农村发展与财政政策选择 [M]．北京：中国财经出版社，2003．

[86] 杨舟，张冬平．WTO 框架下农业财政支出政策研究 [M]．北京：经济科学出版社，2002．

[87] 何振国．财政支农规模与结构问题研究 [M]．北京：中国财政经济出版社，2005．

[88] 吴世雄，范存会．共财政支持"三农"和新农村建设理论与实践 [M]．北京：中国经济出版社，2006．

[89] 周连第，陈俊红，毛世平，吴敬学．农村公共产品政府投资优化配置 [M]．北京：中国经济出版社，2007．

[90] 刘斌，张兆刚，霍功．中国三农问题报告：问题现状挑战对策 [M]．北京：中国发展出版社，2005．

[91] 浙江省农村财政研究会．农村财政热点问题研究 [M]．北京：浙江大学出版社，2006．

[92] 吴仲斌．农村公共政策形成机制：农村经济市场化问题研究 [M]．北京：中国农业出版社，2005．

[93] 罗必良．经济组织的制度逻辑——一个理论框架及其对中国农民经济组织的应用研究 [M]．太原：山西人民出版社，2000．

[94] 里昂·艾里什，靳东升，卡拉·西蒙．中国非营利组织适用税法研究报告 [R]．（2004.12）．http：//wenku. baidu. com/view/aa8b243143323968011c927b. html．

［95］郝书辰，曲顺兰．新一轮税制改革：对地方财政的影响［M］．北京：经济科学出版社，2007．

［96］葛永波，陈磊．管理者风格与企业投融资决策研究［M］．北京：经济科学出版社，2018．

［97］林毅夫．"三农"问题和我国农村的未来发展［J］．农业经济问题，2003，（1）：19－22．

［98］汤贡亮，李淑湘．加入WTO后的中国农业保护与税收政策［J］．涉外税务，2003，（3）：13－17．

［99］汤贡亮，周仕稚．论我国农村办共财政法制体系建设［J］．财政研究，2008，（5）：1－5．

［100］汤贡亮．中国税制改革30年：迈向国际化与法治化的趋势［J］．中央财经大学学报，2008，（7）：48－51．

［101］赵宇，姜海臣．基于农民视角的主要农村公共品供给情况——以山东省11个县（市）的42个行政村为例［J］．中国农村经济，2007，（5）：52－62．

［102］苏明，王小林，陈冠群．国外公共财政支持农业和农村发展的主要途径及启示［J］．经济研究参考，2007，（24）：4－11．

［103］刘义强．建构农民需求导向的公共产品供给制度——基于一项全国农村公共产品需求问卷调查的分析［J］．华中师范大学学报（人文社会科学版），2006，（2）：15－23．

［104］李燕凌，曾福生，匡远配．农村公共品供给管理国际经验借鉴［J］．世界农业，2007，（9）：19－22．

［105］李锋传．日本建设新农村经验及对我国的启示［J］．中国国情国力，2006，（4）：10－14．

［106］李放，朱靖娟．试论我国财政支农支出口径的调整［J］．南京农业大学学报（社会科学版），2007，（3）：18－26．

［107］张俊伟．支持新农村建设的财政政策选择［J］．经济研究参考，2006，（68）：19－37．

[108] 刘溶沧, 夏杰长. 论促进地区经济协调发展的财政政策 [J]. 财贸经济, 1998, (4): 22-30.

[109] 刘丽娟. 财政扶持农村合作经济组织的个案研究与对策分析 [J]. 农村经济, 2006, (6): 115-117.

[110] 肖建华. 财政投入结构、政府主动性对农村经济增长的效应 [J]. 改革, 2008, (1): 67-72.

[111] 丁建华. 财政支持农村合作经济组织发展的政策走向 [J]. 农村财政与财务, 2004, (1): 5-6.

[112] 李扬. 财政支持农民专业合作经组织的对策 [J]. 农村财政与财务, 2005, (6): 6.

[113] 彭克强. 基于财政支农资金整合的理性反思 [J]. 调研世界2008, (2): 7-9.

[114] 范水生. 财政支持农民专业合作组织发展的思考——以福建为例 [J]. 中国农村小康科技, 2007, (2): 11-14.

[115] 汪雷, 胡志红. 促进农村合作经济组织发展的财政政策之国际比较及借鉴 [J]. 铜陵学院学报, 2007, (6): 12-13.

[116] 孔祥智, 史冰清. 当前农民专业合作组织的运行机制、基本作用及影响因素分析 [J]. 农村经济, 2009, (1): 3-9.

[117] 初志红, 郭翔宇. 发达国家政府对农民合作经济组织的支持及其启示 [J]. 东北农业大学学报, 2007, (2): 29-30.

[118] 王杰. 发挥政府在农村经济合作组织发展过程中的职能作用 [J]. 东北农业大学学报, 2010, (8): 32-34.

[119] 占一熙, 方东亮. 农村经济合作社建设的特征、问题与思考——结合浙江省淳安县村经济合作社发展状况论述 [J]. 农村经营管理, 2009, (2): 32-34.

[120] 全国人大农业与农村委员会代表团. 法国农业合作社及对我国的启示 [J]. 农村经营管理, 2005, (4): 32-34.

[121] 王正谱. 关于财政资金扶持农民专业合作经济组织建设

的几个问题 [J]. 农村经营管理，2004，（3）：18 – 20.

　　[122] 曾莉，李民政. 非营利组织供给农村公共物品与政府行为选择 [J]. 学术论坛，2008，（5）：46 – 49.

　　[123] 王青云，邵晓秋. 合作经济组织提供农村公共产品：理论、实践和启示 [J]. 湖南社会科学，2009，（3）：117 – 119.

　　[124] 尹惠斌. 湖南省农村合作经济组织发展的财政扶持探析 [J]. 中国集体经济，2009，（9）：89 – 90.

　　[125] 胡振华，陈柳钦. 农村合作组织的经济学分析 [J]. 唯实，2012，（11）：39 – 45.

　　[126] 熊素兰，许朗. 能人推动型合作经济组织的实证研究——基于山东、河南两省的实地调查 [J]. 山东农业大学学报（社会科学版），2010，（1）：6 – 10.

　　[127] 李冬妍. 加强政府与非营利组织合作伙伴关系的财政政策探析 [J]. 财贸经济，2008，（10）：75 – 81.

　　[128] 刘植才. 我国非营利组织的课税问题 [J]. 税务研究，2004，（12）：10 – 13.

　　[129] 李慎恒. 农村专业合作组织发展面临的问题与对策——以山东为例 [J]. 经济问题，2008，（4）：74 – 76.

　　[130] 罗冬梅，甄建岗，张冬燕. 农村专业合作组织的制度经济学分析——以河北省青县利财蔬菜合作社为例 [J]. 乡镇经济，2008，（3）：95 – 97.

　　[131] 全国人大农业与农村委员会课题组. 农民合作经济组织法立法专题研究报告 [J]. 农村经营管理，2004，（9）– 2005，（1）.

　　[132] 李霞，高海. 农民合作社税收优惠之探讨 [J]. 北方经贸，2006，（8）：28 – 29.

　　[133] 张倩. 农民专业合作社法背后的三大法律逻辑——政府介入农村合作组织的边界 [J]. 行政与法，2008，（6）：39 – 41.

　　[134] 邵延学，周丽俭. 浅谈黑龙江省农村合作经济组织发展

的财政政策支持 [J]. 哈尔滨商业大学学报（社会科学版），2009，
（5）：61－63.

［135］山东省财政厅. 山东财政——支农重点瞄准农村合作经
济组织 [J]. 中国财政，2003，（12）：13－15.

［136］李欣. 浅谈中国非营利组组发展的财政政策环境 [J]. 北
方经济，2005，（8）：68－69.

［137］李冬梅. 试析完善我国农民合作经济组织的税收支持政
策 [J]. 税务研究，2009，（11）：14－16.

［138］肖建华. 我国财政对农村投入的政策变迁与绩效（1978－
2005）——以两种截然不同的发展观为线索 [J]. 开发研究，2008，
（5）：92－96.

［139］万江红，徐小霞. 我国农村合作经济组织研究评述 [J].
农村经济，2006，（4）：125－127.

［140］郭翔宇. 西方发达国家农民合作组织的共同特征及其启
示 [J]. 中国农村经济，1995，（4）：59－62.

［141］国家税务总局政策法规司课题组：非营利组织税收制度
研究 [J]，税务研究，2004，（12）：2－10.

［142］周旭亮，张丽辉. 我国政府对非营利组织的财政扶持
[J]. 商业研究，2009，（9）：89－91.

［143］马衍伟. 支持农村合作经济组织发展的税收政策选择
[J]. 兰州商学院学报，2007，（2）：25－33.

［144］财政部财政科学研究所外国财政研究室. 支持新型农
村合作经济组织的财政政策研究 [J]. 经济研究参考，2008，
（7）：36－56.

［145］谭远宏. 中国农村非营利组织的发展与特点 [J]. 湖南农
业大学学报（社会科学版），2008，（10）：36－41.

［146］陈柳钦，胡振华. 中国农村合作组织的历史变迁 [J]. 学
习与实践，2010，（6）：35－43.

[147] 苑鹏. 中国农村市场化进程中的农民合作组织研究 [J]. 中国社会科学，2001，(6)：63-73.

[148] 韩俊. 发展农民新型合作组织的政策思路 [N]. 中国经济时报，2004. 2. 2.

[149] 张元宗，李轩，韩疆，谢璐遥，梁雪冰. 如何推动农民专业合作经济组织健康发展 [J]. 中国合作经济，2004，(12)：23-26.

[150] 牛若峰. 关于农民合作经济组织立法若干问题的认识和建议 [J]. 农村经营管理，2005，(1)：10-12.

[151] 逄玉静，任大鹏. 欧美农业合作社的演进及其对我国农业合作社发展的启示 [J]. 经济问题，2005，(12)：46-48.

[152] 郭晓鸣，曾旭晖. 农民合作组织发展与地方政府的角色 [J]. 中国农村经济，2005，(6)：25-29.

[153] 杨琴，孙维章. 我国农民专业合作社融资问题研究 [J]. 商业会计，2010，(24)：16-17.

[154] 陈冲，郑文君. 农村合作经济组织发展与政府职能：一个动态演变分析框架 [J]. 经济体制改革，2010，(4)：109-112.

[155] 凌永建等. 家庭农场发展亟待多方扶持——浙江宁波家庭农场发展情况调研 [J]. 农村经营管理，2012，(11)：5-10.

[156] 杨锦地. 农业综合开发财政补助项目立项评价研究 [D]. 成都：西南财经大学，2014.

[157] 肖琴，李建平，李俊杰，姬悦，牛云霞，迟亮. 财政扶持农民专业合作社的瞄准机制研究——基于东部某市农业综合开发产业化经营项目的思考 [J]. 农业经济问题，2015，(5)：98-103+112.

[158] 张宇蕊. 财政引导农民专业合作社发展：理论分析和现实验照——基于湖南省的实际情况 [J]. 经济研究参考，2016，(25)：44-48.

[159] 黄惠英，秦树文，韩敏敏. 农民专业合作社经济效益影

响因素研究——基于河北 387 家农民专业合作社调研数据［J］. 河北北方学院学报（社会科学版），2017，（3）：1－6.

［160］苏昕，刘昊龙. 中国特色家庭农场的时代特征辨析［J］. 经济社会体制比较，2017，（2）：105－113.

［161］曲顺兰，许可. 慈善捐赠税收激励政策研究［M］. 北京：经济科学出版社，2017.